Un bon dessin vaut mieux qu'u

Je suis u
Je suis t
Durant 1 , j'ai eu en charge la direction artistique d'une agence de communication.
Mon travail consistait à transmettre un message percutant, facilement assimilable, sans qu'il fasse réfléchir, tout en induisant une certaine vérité.
C'est ce que l'on appelle le **marketing visuel** !

Les marques qui me commandaient ces opérations étaient pour la plupart issues de l'agroalimentaire… Des marques de produits avec lesquelles je n'étais pas toujours en phase. En effet, gastronome dans l'âme, écologiste invétéré et respectueux des traditions de nos grands-parents, j'ai pris peu à peu conscience de mon « écart de conduite professionnelle » — mon rôle ne consistant finalement qu'à conforter le comportement addictif des consommateurs.
Las de tout cela, je change alors « de camp ». J'entame une reconversion dans l'ingénierie pédagogique afin de dispenser des formations en changement de comportement alimentaire.

Oui, mais… sachant que **80 % de la population réagit aux stimuli visuels**, je ne peux m'empêcher d'appliquer mon acquis graphique au service de l'enseignement. Mes *apprenants* se souviennent plus facilement d'une illustration qui les a marqués que ce que je leur ai raconté pendant une heure de cours.
C'est ce qui m'a donné l'idée de mettre cette expérience visuelle à disposition de tous ceux qui sont curieux de notre environnement alimentaire.
Les informations qui constituent ce livre ont été puisées à des sources fiables et pour la plupart, validées par les spécialistes des différents domaines.

Infographisme, marketing visuel, ancrage cognitif, appropriation mentale… il y a autant de techniques que de passion dans l'ouvrage que je remets entre vos mains.

Bonne lecture, en partageant tout le plaisir que j'ai pris à le dessiner.

Stefane Guilbaud

Imprimé par Qualibris
France Quercy à Mercuès (France)

Dépôt légal : 4e trimestre 2012
ISBN 978-2-36549-014-6

SOMMAIRE

PRATIQUE

8 Table périodique des aliments
9 Bien ranger son réfrigérateur
10 Le meilleur moment pour le thé
11 Quelques horaires de repas
12 Les pots-au-feu, potées et bouillis dans le monde
13 Le triangle culinaire
14 Les saveurs sur la langue
15 L'huile en cuisine
16 La pomme de terre en cuisine
17 La pomme en cuisine
18 L'agneau en cuisine
19 Le boeuf en cuisine
20 Le cochon en cuisine
21 Le veau en cuisine
22 La saison des fruits
23 La saison des légumes
24 L'étiquetage des œufs emballés
25 Savoir faire cuire un œuf. Tout un art
26 Les poids et les volumes en cuisine
27 Les températures en cuisine
28 Panorama des additifs alimentaires
29 Panorama des additifs alimentaires (suite)
30 Les principales pâtes en cuisine
31 L'index glycémique (IG) au quotidien
32 Équilibre acido-basique

SANTE

36 L'indice de masse corporelle
37 La face sombre du sucre
38 Les bienfaits du thé
39 L'alimentation d'hier et d'aujourd'hui
40 Les pièges de la table
41 Les habitudes alimentaires des Français
42 La face cachée des aliments
43 Standard vs light
44 Les allergènes alimentaires
45, Faim physiologique ou psychologique ?
46 Les huiles côté santé
47 Manger entre amis
48 Vers un régime idéal
49 Les index glycémiques de nos repas
50 Régime paléo vs alimentation moderne
51 Nos besoins en vitamines/minéraux sont-ils couverts ?
52 Les Français et leur poids
53 Principales causes de décès dans les pays riches
54 Le pouvoir cariogène des aliments
55 Les modes de cuisson
56 Le sucre dans tous ses états
57 L'orange et ses dérivés
58 Régimogramme

SUITE >

SOMMAIRE (SUITE)

ÉCOLO

62 Les importations inutiles

63 Les terres cultivables

64 L'empreinte hydrique de 6 aliments courants

65 L'empreinte terrestre de 6 aliments courants

66 L'empreinte hydrique & carbone du jus d'orange

67 Le pipeline alimentaire

68 Obésité & sous-alimentation

69 L'œuf et la poule

70 Petit guide éco-responsable

71 Carte d'identité des plastiques

72 Agriculture intensive vs agriculture bio

73 Les inégalités mondiales

74 Du poisson durable dans mon assiette

CONSO

78 Les commerces alimentaires

79 Nos marques alimentaires préférées

80 L'étiquetage des denrées alimentaires

81 La fabrication d'une huile

82 La fabrication de la farine

83 Les différents thés

84 Implantation des super & hypermarchés

85 La consommation de sucre

86 La consommation de chocolat

87 La consommation de pâtes

88 La consommation de café

89 La consommation de fruits et légumes

90 Le pourcentage obligatoire d'ingrédients

91 Le pourcentage obligatoire de fruits

92 Les différents fromages

93 Des milliards d'€ de produits alimentaires

94 Les marges de l'industrie agroalimentaire

95 Le statut culturel des viandes

&

96 Sincères remerciements

96 Sources & crédits

PRATIQUE

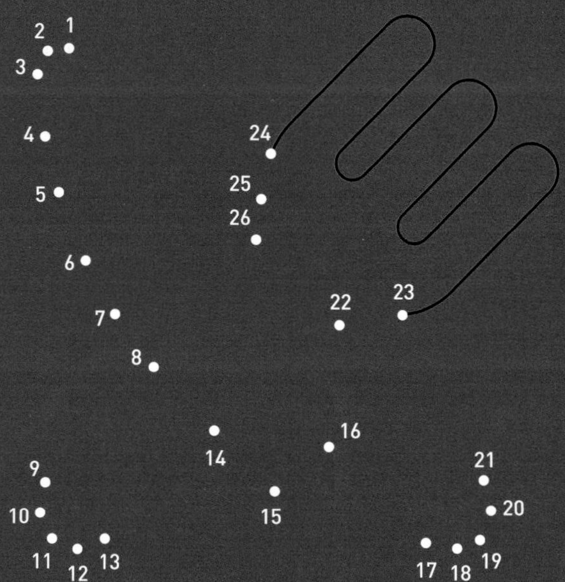
1
2
3
4
5
6
7
8
9
10
11
12
13
14
15
16
17
18
19
20
21
22
23
24
25
26

Préface de Thierry Marx

« *Un bon dessin vaut mieux qu'un long discours !* », je le pense aussi.
Ce qui est certain, c'est que *Visio Food* est un livre pédagogique, efficace, qui a su rester ludique ! C'est rare...
Une frustration seulement, j'aurais aimé l'avoir inventé.
Je suis sûr que, comme moi, les lecteurs sauront apprécier cet outil presque indispensable pour tous les passionnés de cuisine.
Bravo Stéfane !
Et merci pour le patrimoine culinaire...

Thierry Marx
Chef exécutif et
directeur de la restauration.
Le Mandarin Oriental, Paris.

8 ¬ LA TABLE PÉRIODIQUE DES ALIMENTS

Classification des aliments pour mieux manger & Fréquence de consommation conseillée (FCC)

00 Ea eau	10 Lg légume	20 Fr fruit frais	30 Rz riz C/SC*	40 Fm fromage	50 Hc huile de colza	60 Al algue	70 Ca cacao	80 Bc biscuit sec	90 Am amande	100 Ps poisson	110 Lp lapin	120 Ag agneau	130 Sl sel
01 Té thé	11 Lm légumineuse	21 Su sucre C/SC*	31 Pn pain C/SC*	41 Ya yaourt	51 Ho huile d'olive	61 Hb herbe	71 Co chocolat	81 Cé céréale C/SC*	91 Li grain de lin	101 Ct crustacé	111 Of œuf	121 Tr taureau	131 Ad additif
02 If infusion	12 Qn quinoa	22 Cn confiture	32 Pa pâte C/SC*	42 Br beurre	52 Mc margarine colza		72 Pe pâte tartine	82 Fa farine C/SC*	92 Nx noix	102 Cq coquillage	112 Pl poule	122 Va veau	132 Ed édulcorant
03 Cf café	13 Sj soja	23 Sp sirop	33 Pn pain B*	43 Cm crème	53 Go graisse d'oie			83 Fa farine B*	93 Nc noix de cajou		113 Di dinde	123 Po porc	
04 Jf jus de fruits	14 Pt pomme de terre	24 Sb sorbet	34 Rz riz B*	44 Lt lait	54 Ht huile tournesol				94 Ps pistache		114 Pi pintade	124 Bf boeuf	
05 So soda		25 Bb bonbon	35 Pa pâte B*	45 Gl glace					95 Cc cacahuète		115 At autruche	125 Ch charcuterie	
06 Ac alcool		26 Su sucre B*											

FCC
Fréquence de consommation conseillée

Souvent
Rarement

TYPOLOGIE DES ALIMENTS ACTUELS

Pc plat cuisiné	Sg surgelé	Cv conserve	Lb labelisé	Lh allégé (light)	Ss les "sans*"	Bo bio	Ra raisonné	Ha hallal	Kh kasher	Vg végétarien

*** NOMENCLATURE**

« B » : blanc (raffiné)
« C » : complet
« SC » : semi complet
«sans» : régimes «sans» ex. sans gluten

Aa (99, NomCommun)
- Numéro de la catégorie
- Numéro de l'aliment dans la catégorie
- Symbole de l'aliment
- Nom de l'aliment

9 ¬ BIEN RANGER SON RÉFRIGÉRATEUR

Chaque aliment à sa place

ZONE FRAÎCHE 4-6°

Produits laitiers. Desserts lactés. Fromages frais.
Fruits et légumes cuits. Viandes et poissons cuits.

ZONE FROIDE < 4°

Viandes et poissons crus. Crustacés. Charcuterie.
Plats préparés. Fromages (lait cru). Produits frais entamés et en décongélation.

ZONE TEMPÉRÉE 6-8°

Fromages à pâte cuite et en cours d'affinage.

> bac à légumes

Fruits frais. Légumes frais.

> porte

Boissons. Œufs. Beurre. Confiture entamée
Condiments en tubes et en bocaux.

ZONE CONGELÉE -18°

Viande et poisson :	3 mois au congélateur
Pain :	3 mois au congélateur
Fruits :	6 à 12 mois au congélateur
Légumes :	environ 10 mois au congélateur
Beurre :	6 à 9 mois au congélateur

10 ¬ LE MEILLEUR MOMENT POUR LE THÉ

LIRE AUSSI LES PAGES **38** & **83**

À quel moment boire votre thé préféré ?

	PRINTEMPS ÉTÉ	AUTOMNE HIVER
matin	(Thé vert) **Sencha** – JAPON *Profil sensoriel très vif.* (Thé noir) **Darjeeling de printemps** – INDE *Riche en théine. Profil sensoriel très vif. Note végétale, florale, fruit frais.*	(Thé vert) **Long Jing** – CHINE *Texture légèrement astringente. Note minérale, végétale, fruit à coque.* (Thé noir) **Yunnan** – CHINE *Profil sensoriel très doux. Texture veloutée. Note chaude, boisée, miellée, cuir.* (Thé noir) **Assam** – INDE *Texture charpentée. Note boisée, maltée, épicée, fruitée.*
midi	(Thé vert) **Genmaicha** – JAPON *La note apportée par le riz soufflé est en accord avec le repas.* (Semi fermenté) **Tie Guan Yin Impérial** – CHINE *Son type semi-fermenté est en accord avec les desserts.*	(Thé vert) **Genmaicha** – JAPON *La note apportée par le riz soufflé est en accord avec le repas.* (Thé sombre) **Pu Er** – CHINE *Texture douce, ronde et onctueuse en bouche. Note de sous bois. Facilite la digestion.*
après-midi	(Semi fermenté) **Dong Ding** – TAÏWAN *Profil doux et gourmand, faible en théine.* (Thé noir) **Darjeeling d'été** – INDE *Arôme riche. Bouquet fruité, boisé, épicé, miellé, vanillé. Texture souvent charpentée.*	(Semi fermenté) **Butterfly of Taïwan** – TAÏWAN *Note gourmande, chaude. Faible en théine.* (Thé noir) **Sri Lanka** – SRILANKA *Note boisée, fruitée, maltée. Texture douce ou vive selon la nature du thé.*
soir	(Semi fermenté) **Dong Ding** – TAÏWAN *Profil doux et gourmand, faible en théine.* (Vert torréfié) **Bancha Hojicha** – JAPON *Son type torréfié lui confère un goût subtil. Faible en théine.*	(Thé noir) **Qimen** – CHINE *Profil très poudré. Note chaude, cuir, boisée, chocolatée.* (Noir fumé) **Lapsang Souchong** – CHINE *Profil très poudré. Note chaude, cuir, boisée, chocolatée.*

Thé vert · Thé noir · Thé sombre · Vert torréfié · Semi fermenté · Noir fumé

11 ¬ QUELQUES HORAIRES DE REPAS...

En Europe chrétienne occidentale

Unité de mesure : plages horaires

Peu de [Déjeuners] sont mentionnés dans la littérature car ils étaient très rares. D'après un dicton de la fin du Moyen-âge, « manger une fois le jour est vie d'ange, manger deux fois est vie humaine, manger trois fois ou plus est vie de bête et non pas de créature humaine. » Se priver de petit déjeuner, c'est à la fois échapper à la bestialité et manifester son statut privilégié d'oisif. Ne faire que deux repas par jour est donc paradoxalement un luxe et un signe de distinction sociale.

À savoir !

Déjeuner	Dîner	Souper
Aujourd'hui nommé Petit déjeuner (matin)	Aujourd'hui nommé Déjeuner (midi)	Aujourd'hui nommé Dîner (soir)

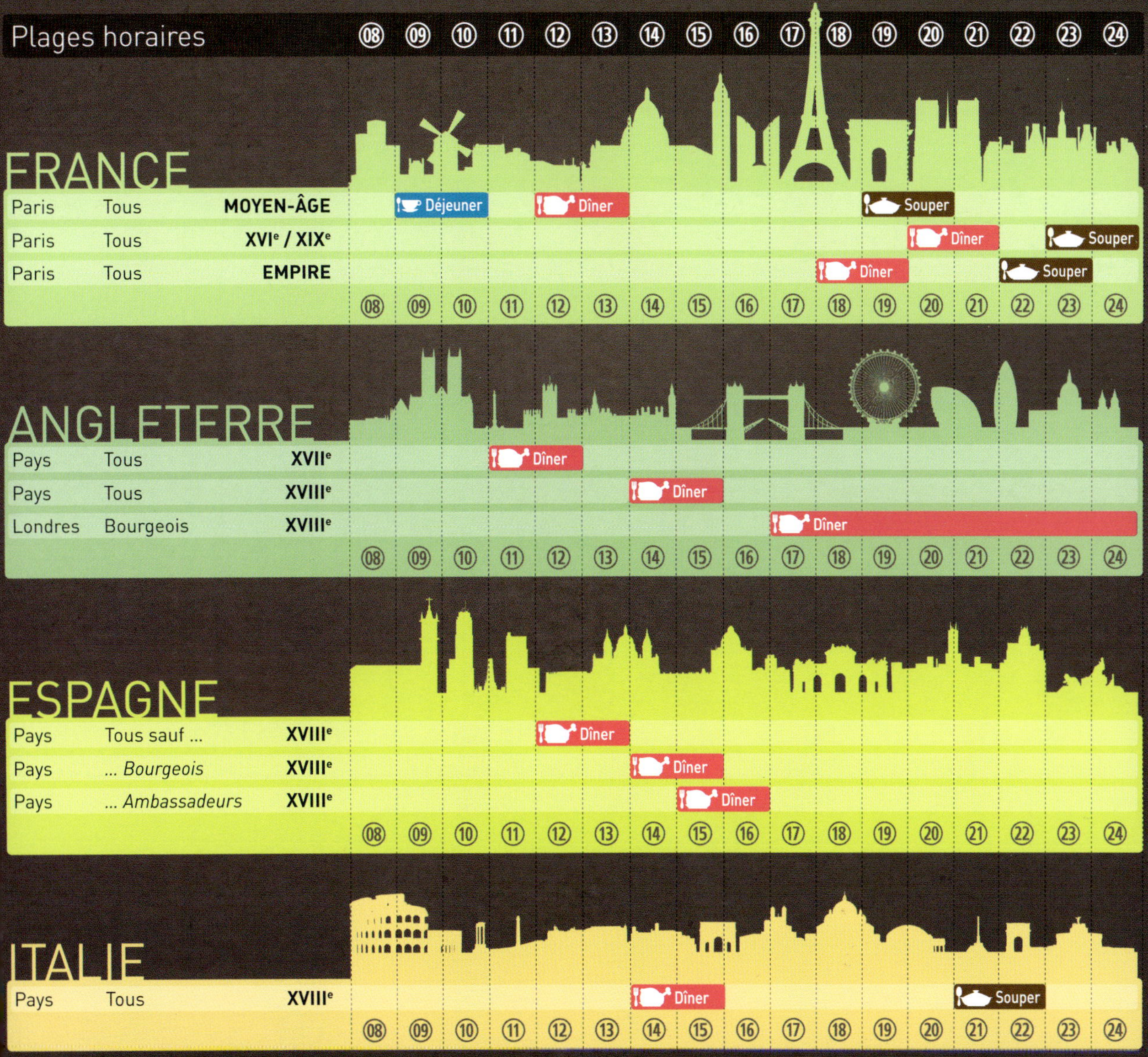

© sources : Jean-Louis Flandrin et Massimo Montanari : *Histoire de l'alimentation*. Éd. Fayard, 1996.
Jean-Louis Flandrin et Jane Cobbi : *Tables d'hier, Tables d'autrefois*. Éd. Odile Jacob, 2005

12 ¬ LES POTS-AU-FEU, POTÉES ET BOUILLIS DANS LE MONDE

À chaque pays ses recettes de viande et de poisson avec une cuisson à l'eau

VIANDES

- Poule au pot
- Blanquette
- Pot au feu
- Pôtée*
- Ajiaco
- Cocido catalan
- Caldo a la catalana
- Cocido a la madrilena
- Cocido galicien
- Cocido andalou
- Bollito misto
- Tafelspitz
- Waterzoï
- Hutspot met klapstuk
- Pâté en pot aux oranges acides et giromon
- Irish stew
- Potare de la pampa
- Shabu-shabu
- Gekochte rindfleisch
- Stew
- Boiled dinner
- Couscous
- Puchero

***Pôtées en France :**
Kig ha farz, Chaudrée, Caudière, Garbure, Pôtée, Bouilleture, Bréjaude, Pôtée auvergnate, Mourtayol.

POISSONS & COQUILLAGES

- Pôtée*
- Caldeirada a pescador
- Waterzoï
- Margat el hout
- Couscous
- Bouillabaisse au safran
- Bouillabaisse de Sfax au cumin
- Kabi-nabe

Les recettes à base de poisson sont plus rares. Les couscous ont une origine dans le Maghreb, toutefois la bouillabaisse serait plutôt marocaine et le couscous tunisien. Aujourd'hui, tout le monde arabe a sa propre déclinaison.

***Pôtées en France :**
Cotriade, Ttoro, Elkezaria, Revesset, Aigo boulido, Aigo-sau, Bouillabaisse.

Martinique · Réunion · Espagne · Autriche · Belgique · Gde Bretagne · Maroc · Tunisie · Portugal · Argentine · Mexique · Allemagne · Pays-Bas · Irlande · Italie · Réunion · Japon

13 ¬ LE TRIANGLE CULINAIRE

selon Claude Lévi-Strauss

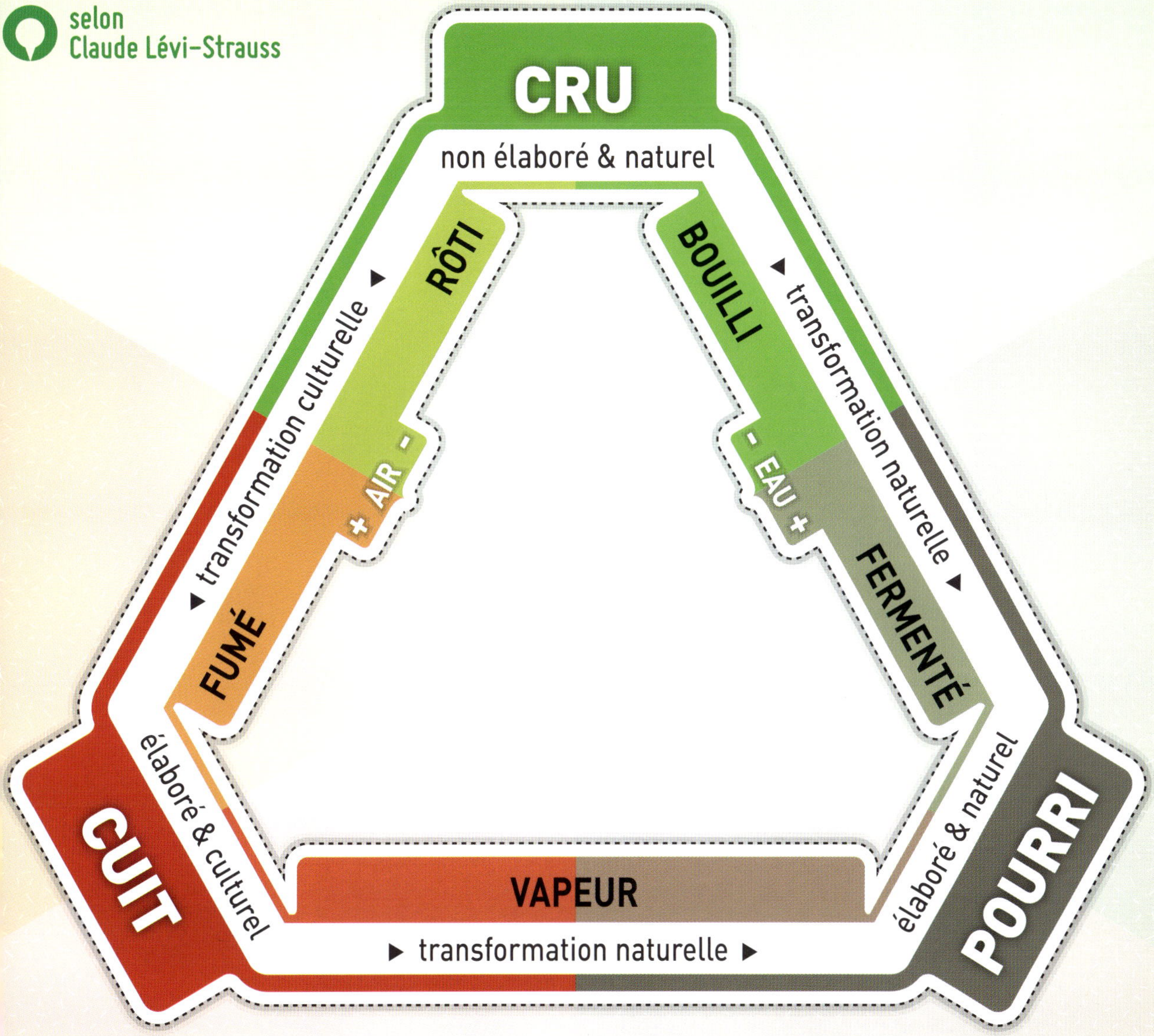

Retour aux origines de la cuisine

-2 500 000 ans
Alimentation crue
Pendant plus de deux millions d'années, nos ancêtres préhistoriques se sont nourris quasi-exclusivement d'aliments crus.

-790 000 ans
Maîtrise du feu
Les plus anciens foyers aménagés datent de 400 000 ans *(Chine)*. Une découverte récente pourrait repousser cette date à 790 000 ans *(site de Gesher Benot Ya'aqov, Israël)*.

-400 000 ans
Cuisson sèche
Les aliments sont disposés sur des pierres chauffées, enfouies sous des braises, cuits à la broche ou à l'étouffée.

-30 000 ans
Le «pourri noble»
Certains chasseurs* consommaient le contenu acide de l'estomac de rennes *(lichens et mousses ayant subi une fermentation lactique, comme la choucroute)*.

-8 500 ans
Le bouilli et le mijoté
L'invention de la poterie *(Proche-Orient)* a permis le bouilli et le mijoté, grâce à ce récipient à la fois étanche et résistant au feu.

-3 600 ans
Premières recettes écrites
Les plus anciennes recettes connues à ce jour ont été rédigées en signes cunéiformes sur de petites tablettes d'argile *(ancien royaume de Babylone, Mésopotamie)*.

© sources : cairn.info.fr & Éric Birlouez, ingénieur agronome et sociologue, spécialiste de l'Histoire de l'alimentation. // * *Hommes de Néanderthal et de Cro-Magnon*

14 – LES SAVEURS SUR LA LANGUE

La saveur existe grâce à nos papilles,
mais comment se répartissent-elles la tâche ?

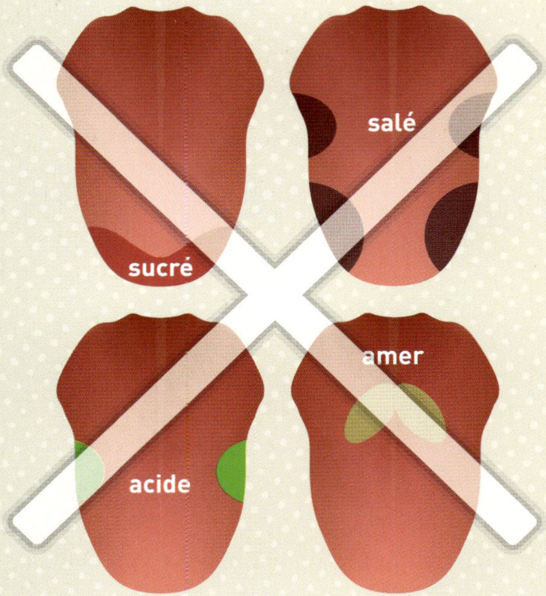

Contrairement à une idée reçue, une saveur n'est pas localisée dans une région précise de la langue. D'après les travaux de la psychologue américaine, Linda Bartoshuk, **la saveur est perçue sur toute la surface de la langue mais avec une intensité différente selon les zones.**

L'intensité ressentie sur chaque zone de papilles.
(La grosseur des mots colorés traduit l'intensité)

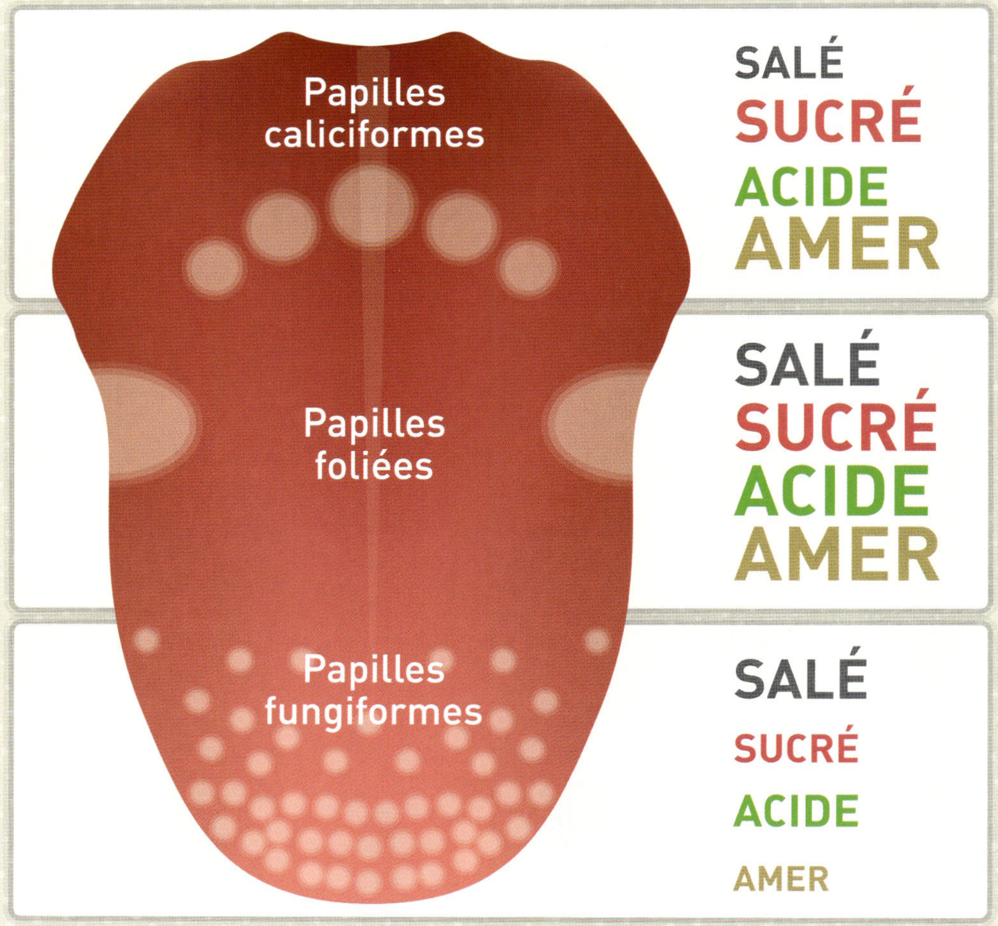

© source : Illustration d'après les travaux de Linda May Bartoshuk, psychologue et professeur à l'université de Floride, spécialisée dans le goût et l'odorat.

15 ¬ L'HUILE EN CUISINE

Selon ses propriétés chimiques et nutritionnelles, chaque huile a un usage particulier en cuisine

- Usage exceptionnel
- Usage épisodique
- Usage quotidien

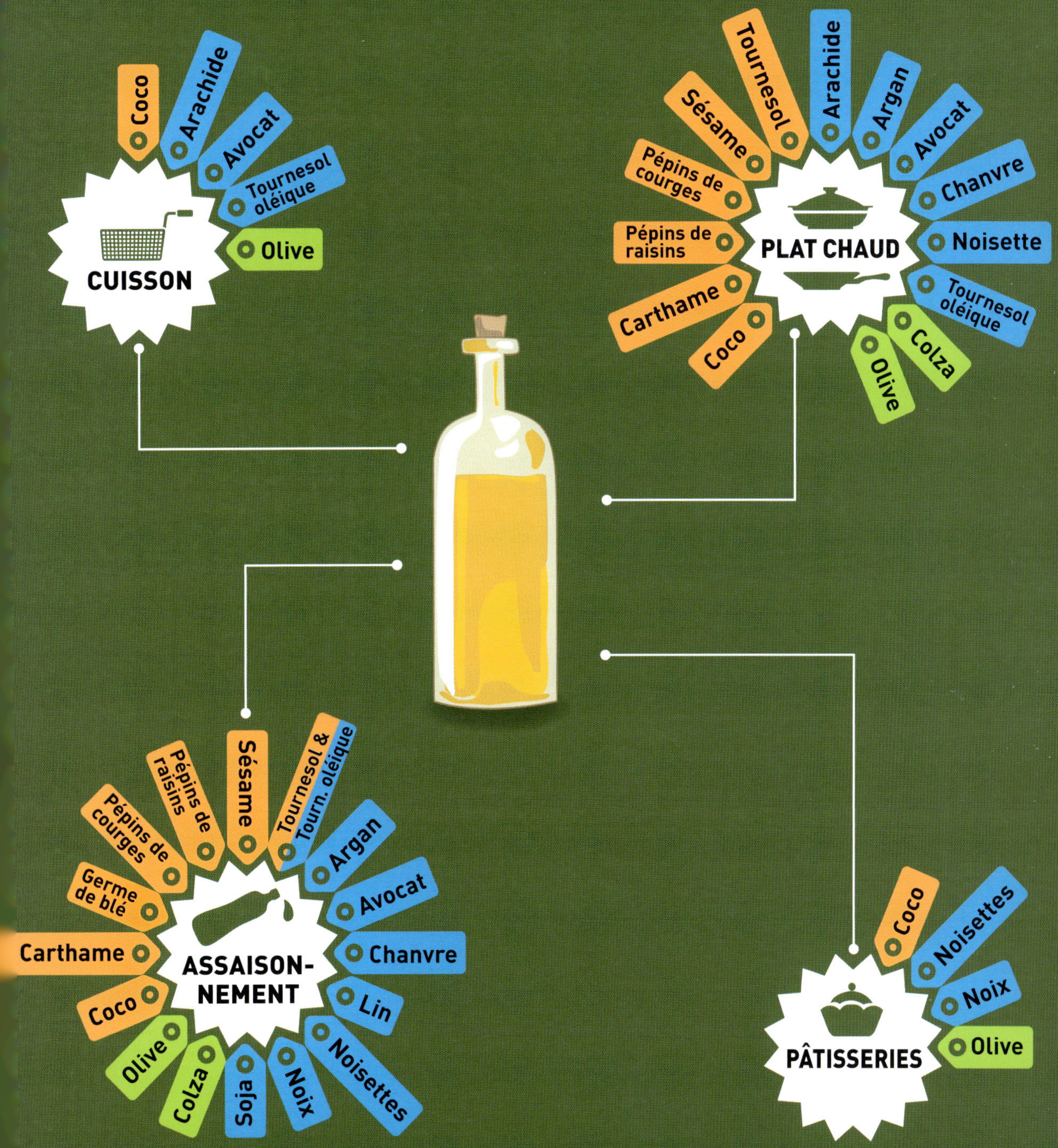

sources : Morin O : *Huiles et corps gras végétaux : ressources fonctionnelles et intérêt nutritionnel*. OCL 2012 ; 19(2) : 63-75. / www.lanutrition.fr / Remerciements à Juliette Pouyat

16 ¬ LA POMME DE TERRE EN CUISINE

Pour chaque usage, une variété est disponible

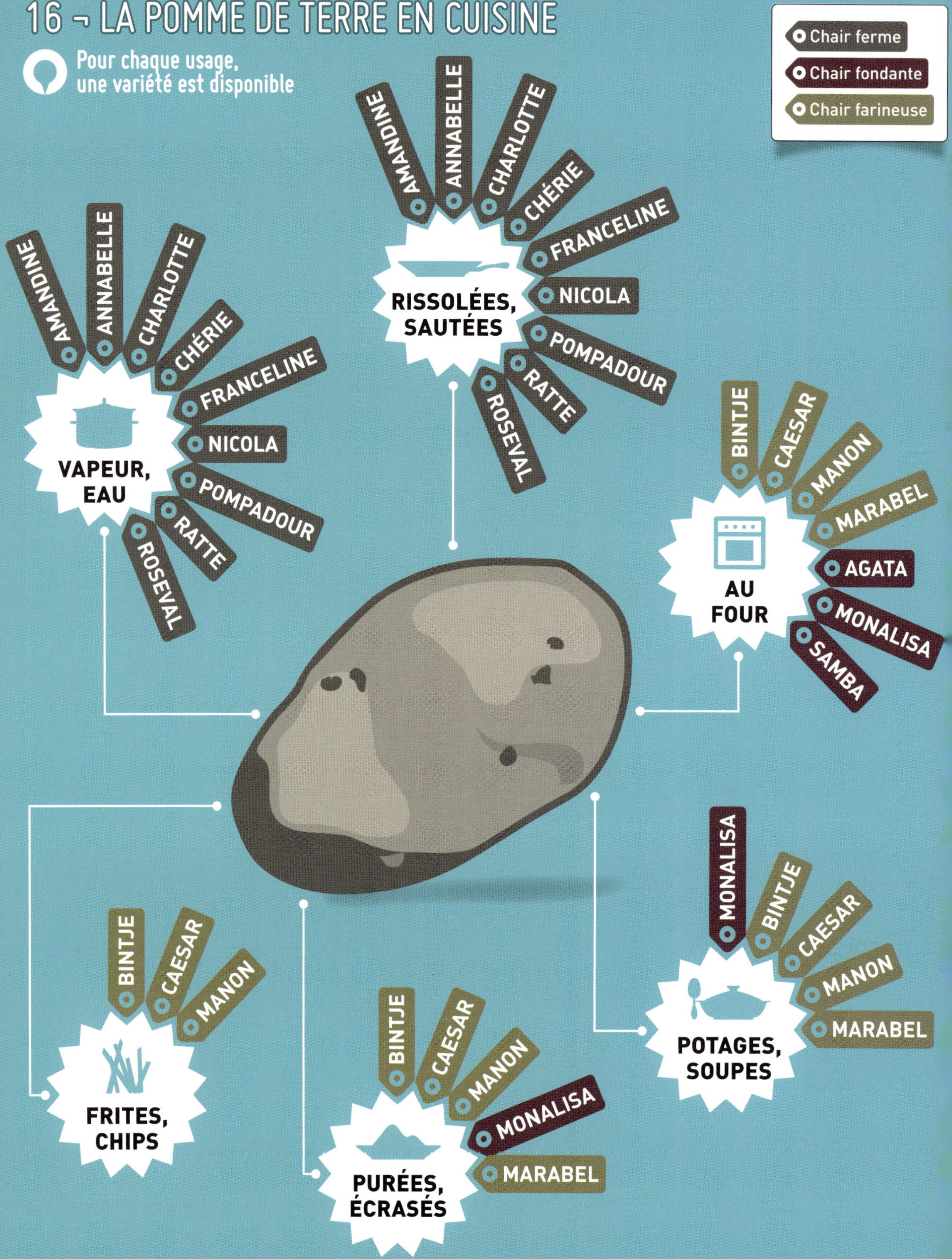

© source : www.cnipt-pommesdeterre.com (comité national interprofessionnel de la pomme de terre).

17 ¬ LA POMME EN CUISINE

Pour chaque usage, une variété est disponible

- Sucrées
- Sucrées/Acides
- Rustiques
- Acidulées
- Parfumées

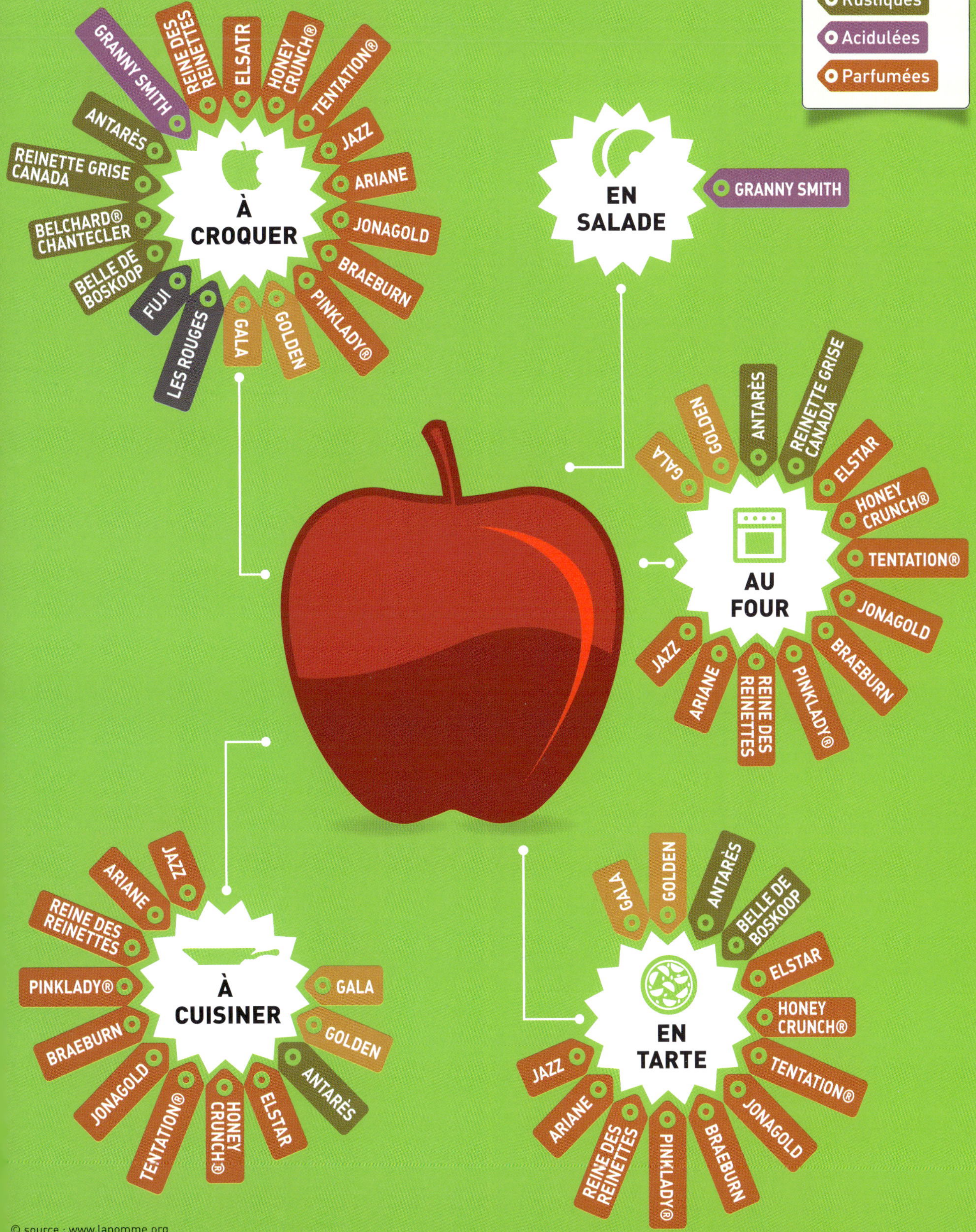

© source : www.lapomme.org

18 ¬ L'AGNEAU EN CUISINE

Pour toutes vos recettes, morceaux choisis

- Tout plat
- Couscous
- Ragoûts

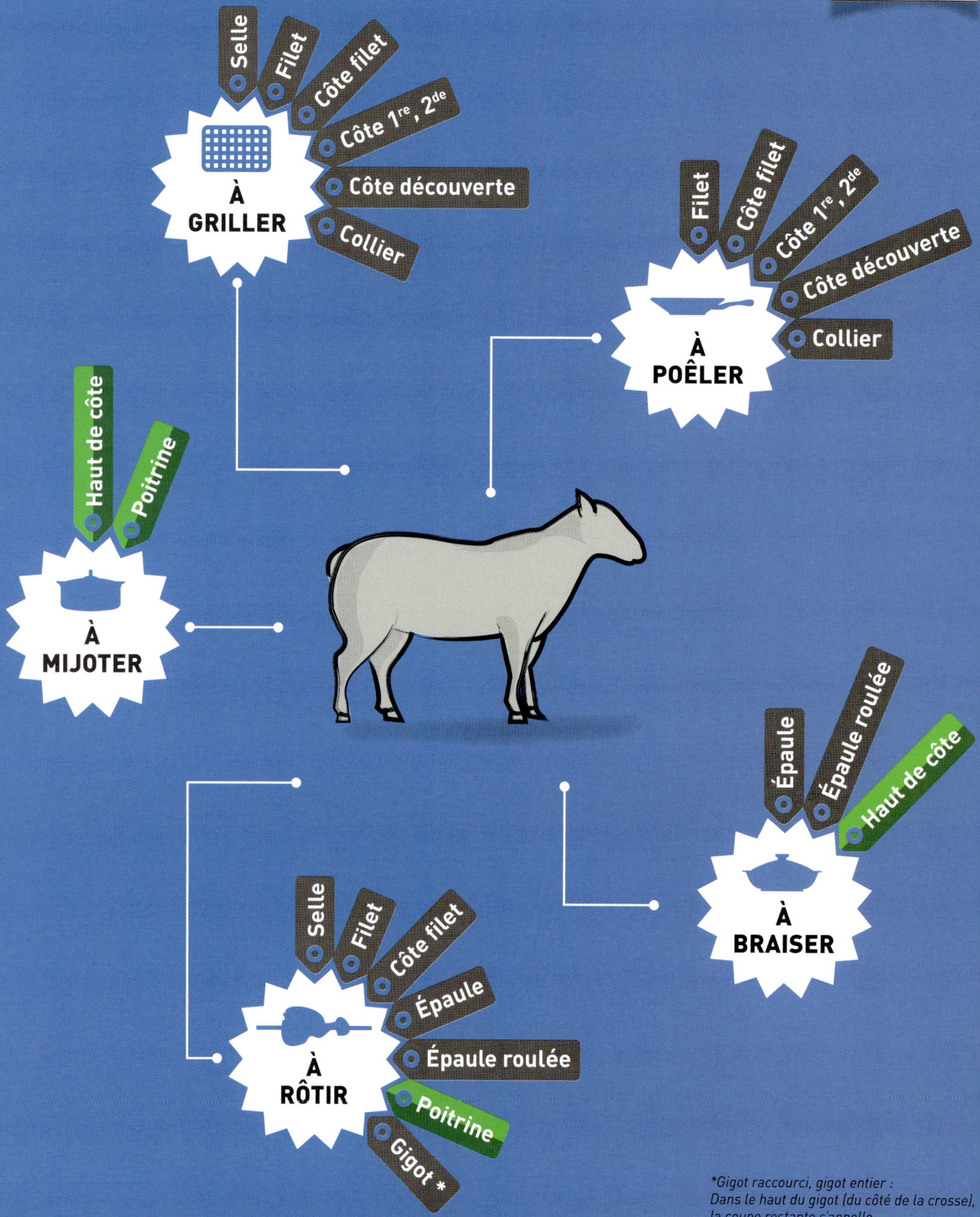

*Gigot raccourci, gigot entier : Dans le haut du gigot (du côté de la crosse), la coupe restante s'appelle un bêquet, jambette ou souris.

© source : Stéfane Guilbaud : *Non aux oranges carrées*. Éd. Trédaniel, 2009.

19 ¬ LE BŒUF EN CUISINE

Pour toutes vos recettes, morceaux choisis

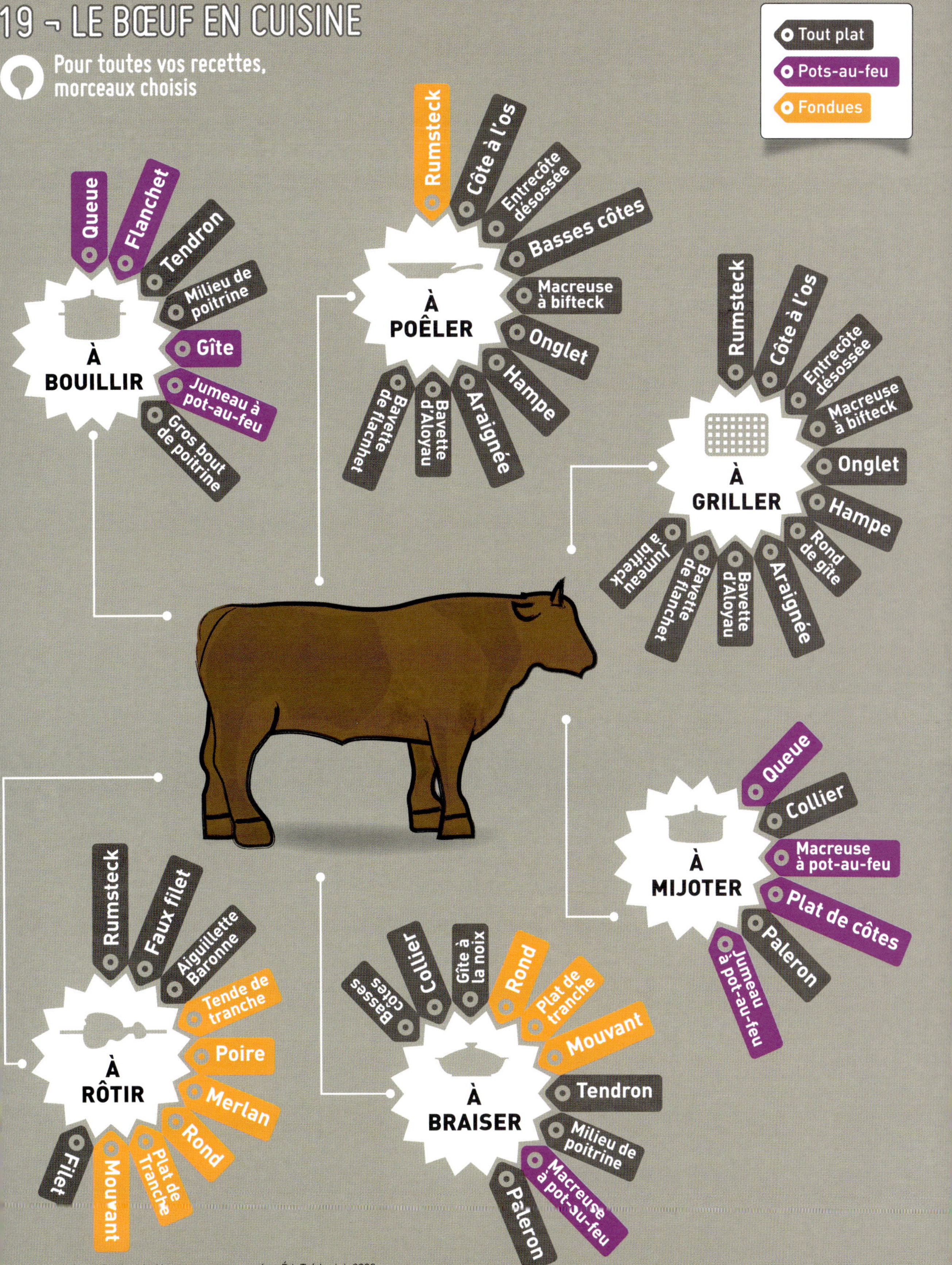

© source : Stéfane Guilbaud : *Non aux oranges carrées.* Éd. Trédaniel, 2009.

20 ¬ LE COCHON EN CUISINE

Pour toutes vos recettes, morceaux choisis

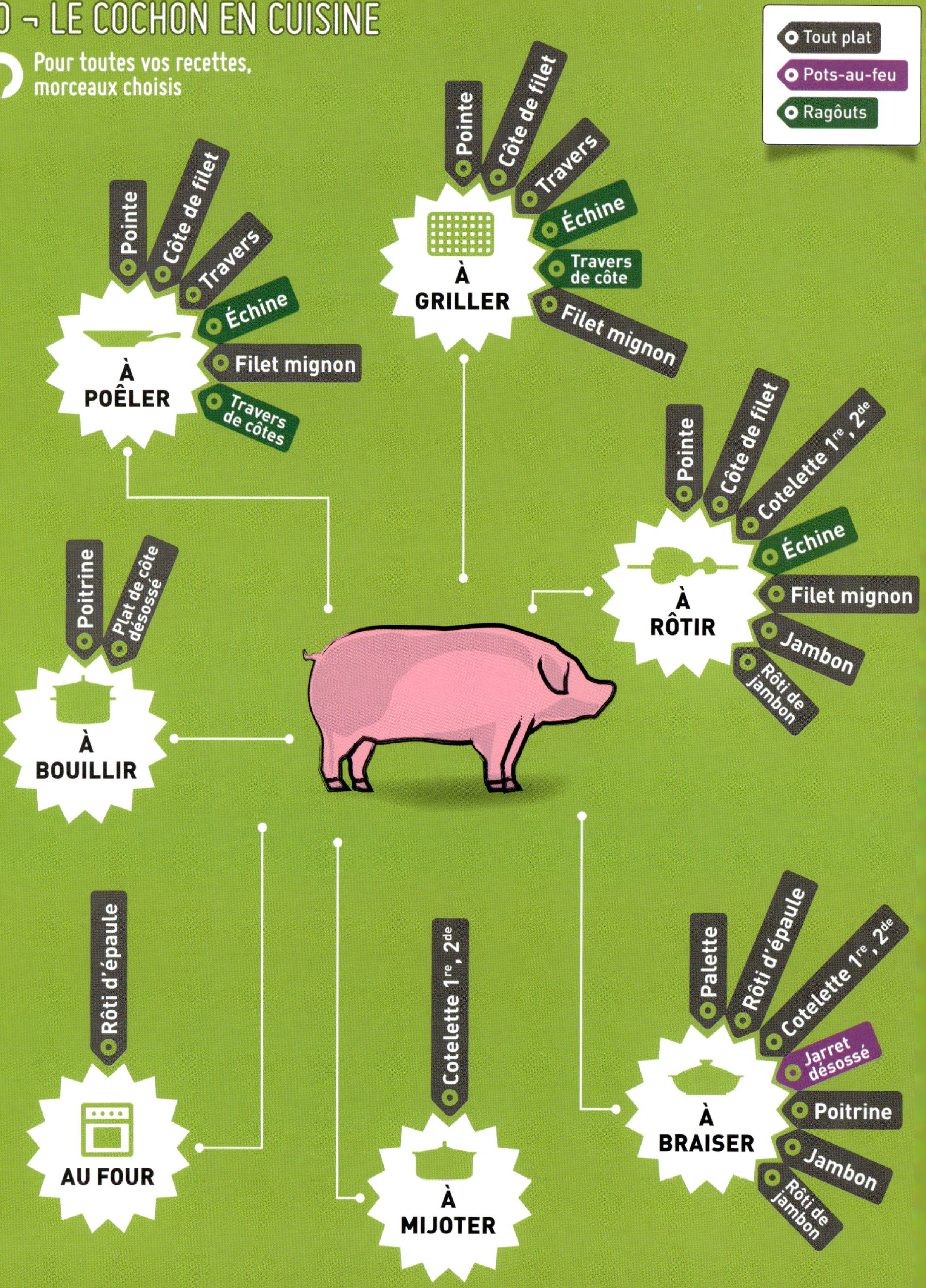

© source : Stéfane Guilbaud : *Non aux oranges carrées*. Éd. Trédaniel, 2009.

21 ¬ LE VEAU EN CUISINE

Pour toutes vos recettes, morceaux choisis

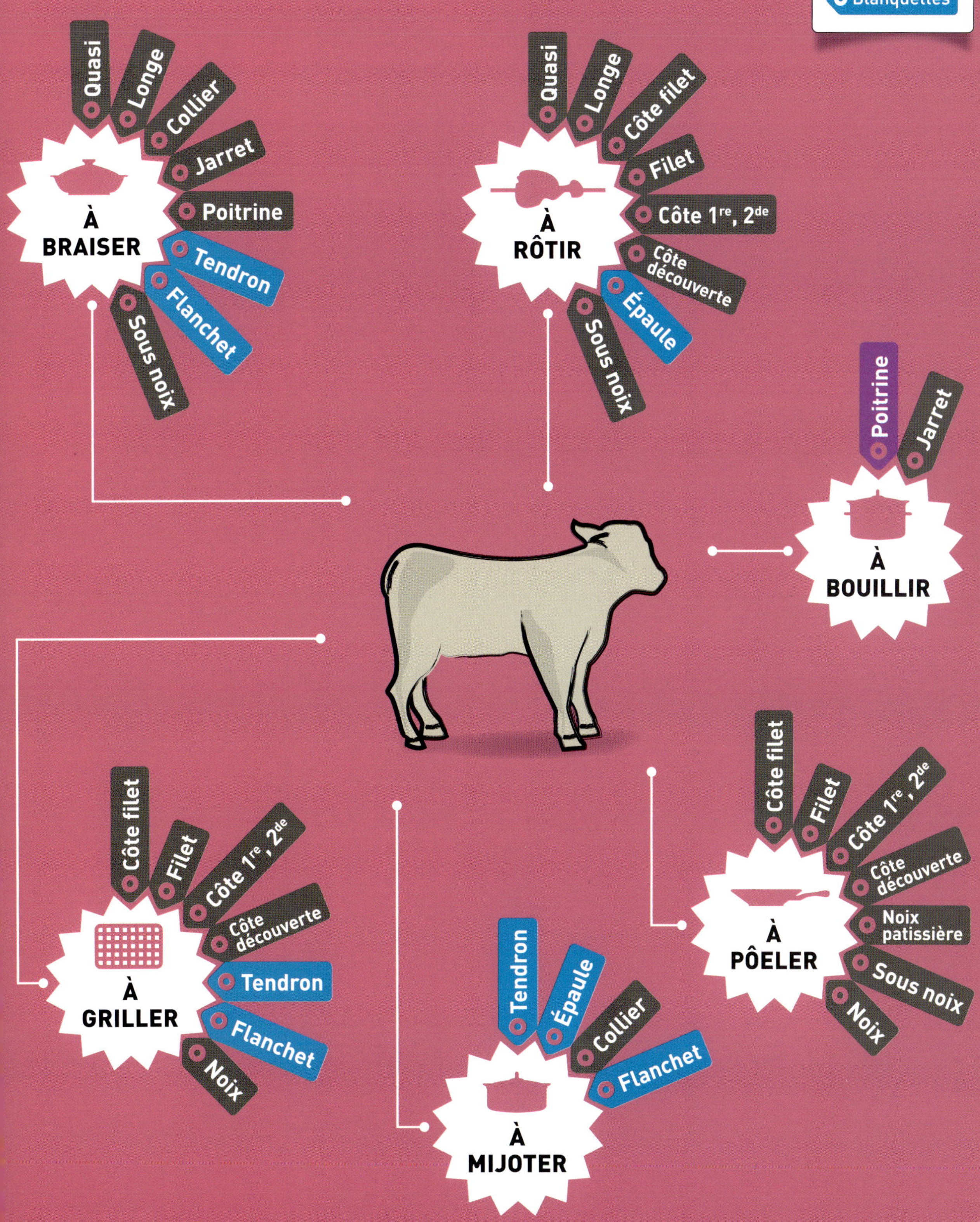

© source : Stéfane Guilbaud : *Non aux oranges carrées*. Éd. Trédaniel, 2009.

22 ¬ LA SAISON DES FRUITS

Petit calendrier pour manger les fruits au bon moment

PRINTEMPS

ÉTÉ

AUTOMNE

HIVER

MARS
Ananas, Avocat, Banane, Citron, Fruit de la passion, Kiwi, Mandarine, Mangue, Orange, Orange sanguine, Pamplemousse, Papaye, Poire, Pomme **AVRIL** Avocat, Banane, Citron, Fruit de la passion, Kiwi, Litchi, Mandarine, Mangue, Orange, Orange sanguine, Pamplemousse, Papaye, Pomme **MAI** Avocat, Banane, Citron, Fruit de la passion, Kiwi, Mangue, Melon, Nectarine, Orange, Orange sanguine, Pamplemousse, Papaye, Prune, Pêche, Tomate, Tomate charnue **JUIN** Avocat, Banane, Cerise, Citron, Fraise, Framboise, Fruit de la passion, Kiwi, Litchi, Mangue, Melon, Nectarine, Orange, Papaye, Pastèque, Prune, Pêche, Tomate, Tomate Peretti, Tomate charnue **JUILLET** Abricot, Airelle, Avocat, Banane, Cassis, Cerise, Citron, Fraise, Framboise, Fruit de la passion, Groseille, Groseille à maquereau, Kiwi, Litchi, Mangue, Melon, Myrtille, Mûre, Nectarine, Papaye, Pastèque, Prune, Pêche, Quetsche, Tomate, Tomate Peretti, Tomate charnue, Fraise des bois **AOUT** Abricot, Airelle, Avocat, Banane, Cassis, Cerise, Citron, Figue fraîche, Fraise, Framboise, Fruit de la passion, Groseille, Groseille à maquereau, Kiwi, Litchi, Mangue, Marron, Melon, Mirabelle, Myrtille, Mûre, Nectarine, Noisette, Papaye, Pastèque, Poire, Prune, Pêche, Quetsche, Reine-claude, Tomate, Tomate Peretti, Tomate charnue, Fraise des bois **SEPTEMBRE** Avocat, Banane, Citron, Coing, Figue fraîche, Fraise, Framboise, Fruit de la passion, Groseille, Groseille à maquereau, Kiwi, Litchi, Mangue, Marron, Melon, Mirabelle, Myrtille, Mûre, Nectarine, Noisette, Noix, Papaye, Pastèque, Poire, Prune, Pêche, Quetsche, Raisin, Reine-claude, Tomate, Tomate Peretti, Tomate charnue, fraise des bois **OCTOBRE** Avocat, Banane, Citron, Coing, Figue fraîche, Fraise, Fruit de la passion, Groseille, Kaki, Kiwi, Litchi, Mandarine, Mangue, Marron, Noisette, Noix, Papaye, Poire, Pomme, Prune, Quetsche, Raisin, Tomate, fraise des bois **NOVEMBRE** Ananas, Avocat, Banane, Citron, Clémentine, Fruit de la passion, Grenade, Kaki, Kiwi, Mandarine, Mangue, Marron, Noix, Orange, Papaye, Poire, Pomme **DÉCEMBRE** Ananas, Avocat, Banane, Citron, Clémentine, Fruit de la passion, Grenade, Kaki, Kiwi, Litchi, Mandarine, Mangue, Marron, Orange, Orange sanguine, Pamplemousse, Papaye, Poire, Pomme **JANVIER** Ananas, Avocat, Banane, Citron, Clémentine, Fruit de la passion, Grenade, Kaki, Kiwi, Litchi, Mandarine, Mangue, Orange, Orange sanguine, Pamplemousse, Papaye, Poire, Pomme **FÉVRIER** Ananas, Avocat, Banane, Citron, Clémentine, Fruit de la passion, Grenade, Kiwi, Litchi, Mandarine, Mangue, Orange, Orange sanguine, Pamplemousse, Papaye, Poire, Pomme .

© source : www.fruits-legumes.org

23 ¬ LA SAISON DES LÉGUMES

Petit calendrier pour manger les légumes au bon moment

PRINTEMPS

ÉTÉ

AUTOMNE

HIVER

MARS Carotte, Chou blanc, Chou frisé, Chou rouge, Chou-rave, Céleri, Endive, Oignon, Petit oignon blanc, Poireau, Radis, Salsifis **AVRIL** Ail, Asperge blanche, Bette, Carotte, Chou blanc, Chou rouge, Chou-rave, Céleri, Épinard, Laitue romaine, Oignon, Petit oignon blanc, Radis **MAI** Ail, Asperge blanche, Asperge verte, Aubergine, Bette, Betterave rouge, Chou frisé, Chou-chinois, Chou-fleur, Chou-rave, Concombre, Épinard, Fenouil, Laitue romaine, Oignon, Petit oignon blanc, Pomme de terre, Radis, Radis long, Rhubarbe. **JUIN** Ail, Artichaut, Asperge blanche, Asperge verte, Aubergine, Bette, Betterave rouge, Brocoli, Carotte, Chou Romanesco, Chou blanc, Chou frisé, Chou rouge, Chou-chinois, Chou-fleur, Chou-rave, Concombre, Courgette, Céleri branche, Épinard, Fenouil, Haricot, Laitue romaine, Navet, Oignon, Petit oignon blanc, Pois mange-tout, Poivron, Pomme de terre, Radis, Radis long, Rhubarbe, Petit pois **JUILLET** Ail, Artichaut, Aubergine, Bette, Betterave rouge, Brocoli, Carotte, Chou Romanesco, Chou blanc, Chou frisé, Chou rouge, Chou-chinois, Chou-fleur, Chou-rave, Cima di Rapa, Concombre, Courgette, Céleri, Céleri branche, Épinard, Fenouil, Haricot, Laitue romaine, Maïs, Navet, Oignon, Petit oignon blanc, Pois mange-tout, Poivron, Pomme de terre, Potiron, Pâtisson, Radis, Radis long, Petit pois **AOÛT** Ail, Artichaut, Aubergine, Bette, Betterave rouge, Brocoli, Carotte, Catalonia, Chou Romanesco, Chou blanc, Chou de Bruxelles, Chou frisé, Chou rouge, Chou-chinois, Chou-fleur, Chou-rave, Cima di Rapa, Concombre, Courge, Courgette, Céleri, Céleri branche, Épinard, Fenouil, Haricot, Laitue romaine, Maïs, Navet, Oignon, Petit oignon blanc, Poivron, Pomme de terre, Potiron, Pâtisson, Radis, Radis long **SEPTEMBRE** Artichaut, Aubergine, Bette, Betterave rouge, Brocoli, Carotte, Catalonia, Chou Romanesco, Chou blanc, Chou de Bruxelles, Chou frisé, Chou rouge, Chou-chinois, Chou-fleur, Chou-rave, Cima di Rapa, Citrouille, Concombre, Courge, Courgette, Céleri, Céleri branche, Épinard, Fenouil, Haricot, Laitue romaine, Maïs, Navet, Oignon, Panais, Petit oignon blanc, Poireau, Poivron, Pomme de terre, Potiron, Pâtisson, Radis, Radis long **OCTOBRE** Bette, Betterave rouge, Brocoli, Carotte, Catalonia, Chou blanc, Chou de Bruxelles, Chou frisé, Chou rouge, Chou-chinois, Chou-fleur, Chou-rave, Cima di Rapa, Citrouille, Courge, Céleri, Céleri branche, Épinard, Fenouil, Laitue romaine, Maïs, Oignon, Panais, Petit oignon blanc, Poireau, Poivron, Pomme de terre, Potiron, Radis, Radis long, Salsifis, Topinambour **NOVEMBRE** Carotte, Catalonia, Chou blanc, Chou de Bruxelles, Chou frisé, Chou rouge, Chou-chinois, Chou-rave, Cima di Rapa, Citrouille, Courge, Céleri, Céleri branche, Endive, Épinard, Fenouil, Mâche, Oignon, Panais, Poireau, Pomme de terre, Radis, Radis long, Salsifis, Topinambour **DÉCEMBRE** Carotte, Catalonia, Chou blanc, Chou de Bruxelles, Chou frisé, Chou rouge, Chou-chinois, Cima di Rapa, Citrouille, Courge, Céleri, Endive, Mâche, Oignon, Panais, Poireau, Pomme de terre, Radis, Salsifis, Topinambour **JANVIER** Carotte, Chou blanc, Chou de Bruxelles, Chou frisé, Chou rouge, Chou-chinois, Citrouille, Céleri, Endive, Mâche, Oignon, Poireau, Pomme de terre, Salsifis, Topinambour **FÉVRIER** Carotte, Chou blanc, Chou frisé, Chou rouge, Chou-chinois, Citrouille, Céleri, Endive, Mâche, Oignon, Poireau, Pomme de terre, Radis, Salsifis, Topinambour.

24 ¬ L'ÉTIQUETAGE DES ŒUFS EMBALLÉS

Classification en fonction de l'état de fraîcheur

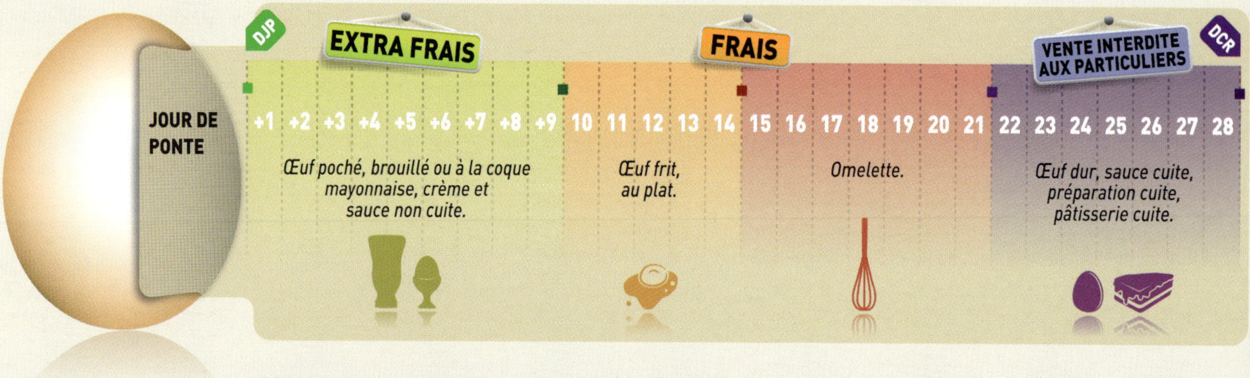

DCR : Date de Consommation Recommandée [mention obligatoire]
DJP : Date du Jour de Ponte [mention facultative].

À savoir : DCR - 28 jours = DJP.

Classification par catégorie de poids

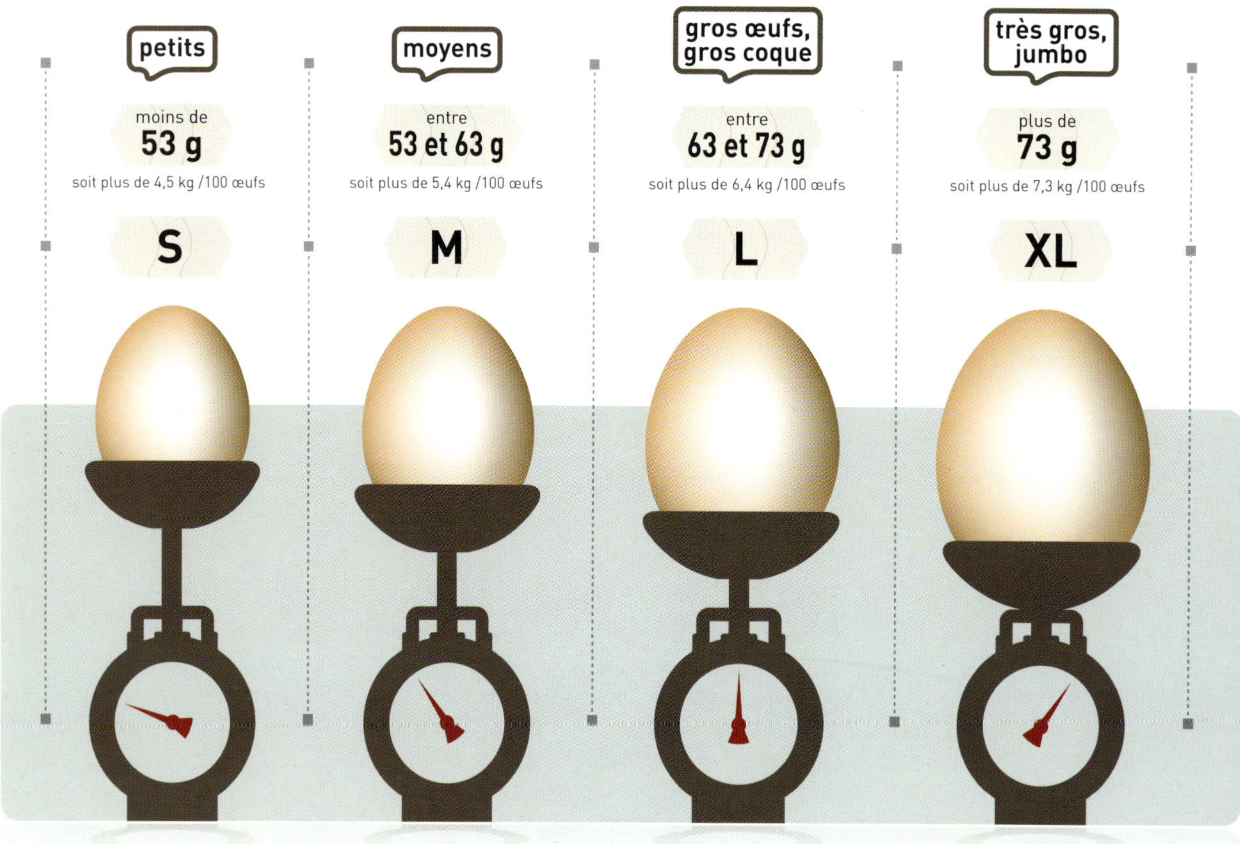

© sources : Stéfane Guilbaud : *Non aux oranges carrées*. Éd. Trédaniel, 2009 / DGCCRF / www.oeufs-asso.com

25 ¬ SAVOIR FAIRE CUIRE UN ŒUF : TOUT UN ART

Les différents modes de préparation de l'œuf

Unité de mesure : minutes, sur la base d'un œuf moyen.

	ŒUFS EXTRA FRAIS					ŒUFS FRAIS		
Mode	COQUE	POCHÉ	AU PLAT	MOLLET	COCOTTE	BROUILLÉ	OMELETTE	DUR
Temps	3'	3'	3'	5'	13'	6'	7'	8'
Ustensile	(Casserole)	(Casserole)	(Poêle)	(Casserole)	(Ramequin-Four)	(Poêle)	(Poêle)	(Casserole)
Aspect du jaune	cru	peu cuit	coulant	bien cuit (intérieur coulant)	peu cuit	cuit	cuit	moelleux
Aspect du blanc	un peu coulant	cuit	bien cuit	bien cuit	cuit	cuit	cuit	très cuit
Conseil	Démarrer à l'eau bouillante, plonger hors feu.	Démarrer à l'eau frémissante légèrement vinaigrée (sans sel)	Démarrer dans une poêle chaude et retirer la fine membrane* qui recouvre le jaune.	Démarrer à l'eau bouillante.	Plonger dans un bain-marie à 180°.	Cuisson en remuant sans cesse.	Cuisson baveuse ou bien cuite en fonction de vos goûts.	Démarrer à l'eau froide. Si l'œuf a plus de 15 jours, ajouter 1 minute.

Aspect du jaune · Aspect du blanc

© source : d'après www.cuisinedenotreterroirfrancais.com // * œuf miroir : ne pas retirer la membrane et couvrir la poêle. Le dessus de l'œuf devient blanc opaque.

26 ¬ LES POIDS ET LES VOLUMES EN CUISINE

Petit convertisseur à l'usage des gastronomes cosmopolites

Poids (France)

mille	centaines	dizaines	**unité**	dizièmes	centièmes	millièmes
kg	hg	dag	**g**	dg	cg	mg

Volumes (France)

mille	centaines	dizaines	**unité**	dizièmes	centièmes	millièmes
kL	hL	daL	**L**	dL	cL	mL
<m^3	dm^3			cm^3		

Poids (France)

1	morceau de **sucre**	5	**g**
1	tasse de **farine**	125	**g**
1	tasse de **sucre**	230	**g**
1	tasse de **crème fraiche**	175	**g**
1	tasse de **beurre**	120	**g**
1	tasse de **fromage rapé**	60	**g**
1	tasse de **riz cru**	45	**g**
1	tasse de **semoule**	250	**g**
1	tasse de **sel fin**	20	**g**
1	tasse de **huile**	200	**g**
1	tasse de **lait**	230	**g**

Volume (UK)

*Pour proposer les mêmes mesures mais anglaises **(UK)** ajouter **20 %** aux mesures américaines liquides.*

Poids (USA)

1	**ounce solide** (oz)	28,35	**g**
1	**pound** (olb)	453,59	**g**
1	**kilogramme** (kg)	2,20	**olb**
1	**cup flour** (farine)	130	**g**
1	**cup sugar** (sucre)	245	**g**
1	**cup butter** (beurre)	240	**g**
1	**cup cocoa** (cacao)	60	**g**

Volume (France)

1	**tasse**	250	**mL**
1	**cuiller à café** (c.à.café)	5	**mL**
1	**cuiller à soupe** (c. à soupe)	15	**mL**

Volume (USA)

1	**litre** (L)	± 0,879	**qt**
1	**US gallon** soit 4 quarts (qt)	3,785	**L**
1	**pint (pt)** soit 16 ounces (fl.oz)	0,473	**L**
1	**ounce liquide** (fl.oz)	0,0296	**L**
1	**cup** soit 8 fluid ounces	0,24	**L**
1	**US teaspoon** (tsp = c.à café)	0,005	**L**
1	**US tablespoon** (tbsp = c. à soupe)	0,015	**L**

27 ¬ LES TEMPÉRATURES EN CUISINE

Petit convertisseur à l'usage des gastronomes cosmopolites

Température de l'eau

F° / Fahrenheit	C° / Celsius	
32°F	0	L'eau gèle
98,6°F	36,9°C	Température du corps
115°F	46°C	Eau frémissante
130°F	54°C	Eau chaude
212°F	100°C	Eau bouillante
375°F	190°C	Température de cuisson

Température au four

Thermostat	°F / Fahrenheit	°C / Celsius	
T1	85°F	30°C	Étuve
T2	140°F	60°C	Étuve
T3	190°F	90°C	Four doux
T4	250°F	120°C	Four doux
T5	300°F	150°C	Four doux
T6	350°F	180°C	Four chaud
T7	410°F	210°C	Four chaud
T8	460°F	240°C	Four très chaud
T9	520°F	270°C	Four très chaud

Température des huiles de friture

°F / Fahrenheit	°C / Celsius	
320°F	160°C	*exemple : ±160 °C pour friture des légumes, poissons.*
338°F	170°C	*exemple : ± 170 °C pour friture des poulets, beignets.*
350°F	180°C	*exemple : ± 180 °C pour friture des pommes de terre.*

Conversion °F en °C

$$°F - 32 \times 5 / 9$$

Exemple : 400 °F = (400 - 32) **x** *5* **/** *9 = 204 °C*

Conversion °C en °F

$$°C \times 9 / 5 + 32$$

Exemple : 200 °C = 200 **x** *9* **/** *5* **+** *32 = 392 °F*

© sources : www.chefsimon.com & www.lanutrition.fr

28 ¬ PANORAMA DES ADDITIFS ALIMENTAIRES

Naturels ou synthétiques, les additifs sont des substances ajoutées aux aliments pour en améliorer la conservation, la couleur, le goût… Dangereux ou pas ?

Classement de l'UFC-QueChoisir : Symptômes observés chez l'homme. | Effets toxiques démontrés sur l'animal à doses élevées. | Aucun effet toxique démontré.

	Aucun effet toxique démontré	Effets toxiques démontrés sur l'animal à doses élevées	Symptômes observés chez l'homme
43 COLORANTS	16	11	16
44 CONSERVATEURS	25	1	18
48 ANTIOXYDANTS	2	8	12
36 ÉMULSIFIANTS, GÉLIFIANTS, STABILISANTS	0	26	10
42 ÉPAISSISSANTS	6	4	32
49 ACIDIFIANTS OU ALCANISANTS	1	15	33
18 EXHAUSTEURS	2	0	16
12 ÉDULCORANTS	7	4	1
36 DIVERS GAZ PROPULSEUR, ANTI-AGGLOMERANTS, AGENT DE GLACAGE, ANTIMOUSSANT, ETC.	0	8	28

© sources : UFC-QueChoisir & www.les-additifs-alimentaires.com

29 ¬ PANORAMA DES ADDITIFS ALIMENTAIRES [SUITE]

Voici les listes détaillées des additifs représentées à la page précédente... Sur les emballages de vos aliments, les additifs sont signalés avec un code : la lettre E suivie de 3 chiffres (E330 par exemple)

43 COLORANTS E102 Tartrazine - E104 Jaune de quinoléine - E110 Jaune orange S - E120 Cochenille, carmins - E122 Azorubine, carmoisine - E123 Amarante - E124 Ponceau 4R, rouge cochenille A - E127 Erythrosine - E128 Rouge 2G - E129 Rouge allura AC - E131 Bleu patenté V - E154 Brun FK - E155 Brun HT - E160b Rocou, bixine, norbixine - E161g Canthaxantine - E180 Lithol-rubine BK - E132 Indigotine, carmin d'indigo - E133 Bleu brillant FCF - E141 Complexe cuivre-chlorophylles - E142 Vert S - E150b Caramel de sulfite caustique - E150c Caramel ammoniacal - E150d Caramel au sulfite d'ammonium - E151 Noir brillant BN - E160a Caroténoïdes - E160e Bêta-apocarotenal-8' - E160f Ester éthylique de l'acide bêta-apocaroténique-8' - E100 Curcumine - E101 Riboflavine - E140 Chlorophylles, chlorophyllines - E150a Caramel ordinaire - E153 Charbon végétal médicinal - E160c Extrait de paprika, capsanthine, capsorubine - E160d Lycopène - E161b Lutéine - E162 Rouge de betterave, bétanine - E163 Anthocyanes - E170 Carbonate de calcium - E171 Dioxyde de titane - E172 Oxyde et hydroxyde de fer - E173 Aluminium - E174 Argent - E175 Or.

44 CONSERVATEURS E1105 Lysozyme - E200 Acide sorbique - E202 Sorbate de potassium - E203 Sorbate de calcium - E210 Acide benzoïque - E211 Benzoate de sodium - E212 Benzoate de potassium - E213 Benzoate de calcium - E214 P-hydroxybenzoate d'éthyle - E215 Dérivé sodique de l'ester éthylique de l'acide p-hydroxybenzoïque - E216 P-hydroxybenzoate de propyle - E217 Dérivé sodique de l'ester propylique de l'acide p-hydroxybenzoïque - E218 P-hydroxybenzoate de méthyle - E219 Dérivé sodique de l'ester méthylique de l'acide p-hydroxybenzoïque - E220 Anhydride sulfureux - E221 Sulfite de sodium - E223 Disulfite de sodium - E224 Disulfite de potassium - E226 Sulfite de calcium - E227 Sulfite acide de calcium - E228 Sulfite acide de potassium - E249 Nitrite de potassium - E250 Nitrite de sodium - E251 Nitrate de sodium - E252 Nitrate de potassium - E234 Nisine - E230 Biphényle, diphényle - E231 Orthophénylephénol - E232 Orthophénylphénate de sodium - E233 Thiabendazole - E235 Natamycine (pimaricine) - E239 Hexaméthylènetétramine - E242 Dicarbonate de diméthyle - E260 Acide acétique - E261 Acétate de potassium - E262 Diacétate de sodium - E263 Acétate de calcium - E280 Acide propionique - E281 Propionate de sodium - E282 Propionate de calcium - E283 Propionate de potassium - E284 Acide borique - E285 Tétraborate de sodium (borax) - E290 Dioxyde de carbone.

48 ANTIOXYDANTS E320 Butylhydroxyanisol (BHA) - E321 Butylhydroxytoluène (BHT) - E310 Gallate de propyle - E311 Gallate d'octyle - E312 Gallate de dodécyle - E315 Acide érythorbique - E316 Erythorbate de sodium - E339 Phosphate de sodium - E340 Phosphate de potassium - E385 Ethylène-diamine-tétra-acétate de calcium disodium - E300 Acide ascorbique et sels - E301 Ascorbate de sodium - E302 Ascorbate de calcium - E304 Palmitate d'ascorbyle - E306 Extrait riche en tocophérols - E307 Alpha-tocophérol - E308 Gamma-tocophérol - E309 Delta-tocophérol - E325 Lactacte de sodium - E326 Lactate de potassium - E327 Lactate de calcium - E512 Chlorure d'étain.

36 ÉMULSIFIANTS E1505 Citrate de triéthyle - E432 Monolaurate de polyxyéthylène sorbitane - E433 Monooléate de polyxyéthylène sorbitane - E434 Monopalmitate de polyxyéthylène sorbitane - E435 Monostéarate de polyxyéthylène sorbitane - E436 Tristéarate de polyxyéthylène sorbitane - E442 Phosphate d'ammonium - E444 Acétate isobutyrate de saccharose - E445 Esters glycériques de résine de bois - E450 Phosphate de sodium, Diphosphate - E452 Phosphate de calcium, Poly phosphate - E473 Sucroesters d'acides gras - E474 Sucroglycérides - E475 Esters polyglycériques d'acides gras - E476 Polycinoléate de polyglycérol - E477 Esters de propane-1-2-diol d'acides gras - E479b Huile de soja oxydée - E481 Stéaroyl-2-lactylate de sodium - E482 Stéaroyl-2-lactylate de calcium - E491 Monostéarate de sorbitane - E492 Tristéarate de sorbitane - E493 Monolaurate de sorbitane - E494 Monooléate de sorbitane - E495 Monopalmitate de sorbitane - E900 Diméthylpolysiloxane - E999 Extrait de quillaia - E1103 Invertase - E322 Lécithines - E431 Stéarate de polyoxyéthylène - E459 Bêta-cyclodextrine - E460 Cellulose - E461 Méthylcellulose - E468 Carboxyméthylcellulose de sodium réticulé - E470 Sels d'acides gras - E471 Mono et diglycérides d'acides gras - E472 Esters d'acides gras.

42 ÉPAISSISANTS E401 Alginate de sodium - E407 Carraghénanes (algues euchema transformées) - E412 Gomme guar - E413 Gomme adragante, tragacanthe - E414 Gomme d'acacia ou gomme arabique - E416 Gomme Karaya - E405 Alginate de propane-1,2-diol - E520 Sulfate d'aluminium - E521 Sulfate d'aluminium sodique - E523 Sulfate d'aluminium ammonique - E1200 Polydextrose - E1201 Polyvinylpyrrolidone - E1404 Amidon oxydé - E1410 Phosphate d'amidon - E1412 Phosphate de diamidon - E1413 Phosphate de diamidon phosphaté - E1414 Phosphate de diamidon acétylé - E1420 Amidon acétylé - E1422 Adipate de diamidon acétylé - E1440 Amidon hydroxypropylé - E1442 Phosphate de diamidon hydroxypropylé - E1450 Octényle succinate d'amidon sodique - E1451 Amidon oxydé acétylé - E400 Acide alginique - E402 Alginate de potassium - E403 Alginate d'ammonium - E404 Alginate de calcium - E406 Agar-agar - E410 Farine de graines de caroube - E415 Gomme Xanthane - E417 Gomme Tara - E418 Gomme Gellane - E425 Konjac - E440 Pectine - E463 Hydroxypropylcellulose - E464 Hydroxypropylméthylcellulose - E465 Ethylméthylcellulose - E466 Carboxymethylcellulose de sodium - E469 Carboxyméthylcellulose hydrolisée de manière enzymatique - E508 Chlorure de potassium - E509 Chlorure de calcium - E511 Chlorure de magnésium.

49 ACIDIFIANTS E222 Sulfite acide de sodium - E297 Acide fumarique - E334 Acide tartrique - E335 Tartrate de sodium - E336 Tartrate de potassium - E337 Tartrate double sodium et potassium - E338 Acide orthophosphorique - E341 Phosphate de calcium - E343 Phosphate de magnésium - E354 Tartrate de calcium - E355 Acide adipique - E356 Adipate de sodium - E357 Adipate de potassium - E451 Phosphate de potassium, Triphosphate - E522 Sulfate d'aluminium potassique - E541 Phosphate d'aluminium sodique acide - E270 Acide lactique - E296 Acide malique - E330 Acide citrique - E331 Citrate de sodium - E332 Citrate de potassium - E333 Citrate de calcium - E350 Malate de sodium - E351 Malate de potassium - E352 Malate de calcium - E353 Acide métatartrique - E363 Acide succinique - E380 Citrate de triammonium - E500 Carbonate de sodium - E501 Carbonate de potassium - E503 Carbonate d'ammonium - E504 Carbonate de magnésium - E507 Acide chlorydrique - E513 Acide sulfurique - E514 Sulfate de sodium - E515 Sulfate de potassium - E524 Hydroxyde de sodium - E525 Hydroxyde de potassium - E526 Hydroxyde de calcium - E527 Hydroxyde de d'ammonium - E528 Hydroxyde de de magnésium - E529 Oxyde de calcium - E530 Oxyde de magnésium - E570 Acides gras - E574 Acide gluconique - E575 Glucono-delta-lactone - E576 Gluconate de sodium - E577 Gluconate de potassium - E578 Gluconate de calcium.

18 EXHAUSTEURS E620 Acide glutamique - E621 Glutamate monosodique - E622 Glutamate monopotassique - E623 Diglutamate de calcium - E624 Glutamate d'ammonium - E625 Diglutamate de magnésium - E626 Acide guanylique - E627 Guanylate disodique - E628 Guanylate dipotassique - E629 Guanylate de calcium - E630 Acide inosinique - E631 Inosinate disodique - E632 Inosinate dipotassique - E633 Inosinate de calcium - E634 5'-ribonucléotide calcique - E635 5'-ribonucléotide disodique - E640 Glycine et sel de sodium - E650 Acétate de zinc.

12 ÉDULCORANTS E420 Sorbitol - E421 Mannitol - E951 Aspartame - E953 Isomalt - E965 Maltitol - E966 Lactitol - E967 Xylitol - E950 Acesulfame-K - E952 Acide cyclamique - E954 Saccharine - E959 Neohespéridine DC - E957 Thaumatine.

36 DIVERS E483 Tartrate de stéaryle - E535 Ferrocyanure de sodium - E536 Ferrocyanure de potassium - E538 Ferrocyanure de calcium - E554 Silicate alumino-sodique - E555 Silicate alumino-potassique - E556 Silicate alumino-calcique - E559 Silicate d'aluminium (kaolin) - E1202 Polyvinylpolypyrrolidone - E1518 Triacétate de glycéryle - E422 Glycérol - E516 Sulfate de calcium - E551 Dioxyde de silicium - E552 Silicate de calcium - E553a Silicate de magnésium - E553b Talc - E579 Gluconate ferreux - E585 Lactate ferreux - E901 Cires d'abeille - E902 Cires de candelilla - E903 Cire de carnauba - E904 Shellac - E905 Cire microcristalline - E912 Esters de l'acide montanique - E914 Cire de polyéthylène oxydée - E920 L-cystéine et chlorhydrates - E927b Carbamide - E938 Argon - E939 Hélium - E941 Azote - E942 Protoxyde d'azote - E943a Butane - E943b Isobutane - E944 Propane - E948 Oxygène - E949 Hydrogène.

© sources : UFC-QueChoisir & www.les-additifs alimentaires.com

30 ¬ LES PRINCIPALES PÂTES EN CUISINE

Réalisez toutes vos pâtes en un clin d'œil

Unités de mesure : g, cl, nombre d'œufs.

	Farine (en g)	Beurre (en g)	Sucre (en g)	Levure (en g)	Sel (en g)	Œufs (unité)	Eau (en cl)	Huile d'olive (en cl)	Lait (en cl)
BRISÉE	250 G	125 G			4 G		12 CL		
SABLÉE	250 G	125 G	125 G			1 entier			
FEUILLETÉE	250 G	150 G			4 G		12 CL		
À CHOUX	150 G	100 G			4 G	4 entiers	25 CL		
À CRÊPE	500 G	100 G	150 G		4 G	6 entiers			100 CL
À FRIRE	200 G				4 G	3 blancs 2 jaunes 1 entier			20 CL
À BISCUIT	125 G		125 G			4 blancs 4 jaunes			
BRIOCHÉE	500 G	250 G	25 G	20 G	4 G	4 entiers			5 CL
À PAIN	500 G			20 G	15 G		35 CL	6 CL	

31 ¬ L'INDEX GLYCÉMIQUE (IG) AU QUOTIDIEN

LIRE AUSSI LA PAGE 49

Pour rester mince, choisir des glucides à index glycémique (IG) bas

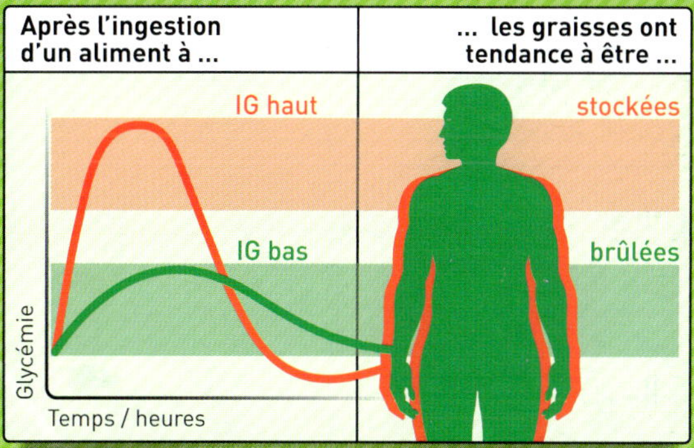

IG HAUT > à remplacer par > IG BAS

IG HAUT	IG BAS
Viennoiserie, donut	Amandes, noix
Corn Flakes	Muesli
Galette de riz soufflé	Biscuits secs
Pomme de terre, purée	Riz basmati, lentilles
Pain blanc (baguette)	Pain multicéréales au levain

source : Elvire Nérin et Angélique Houlbert : *Le nouveau régime IG*. Éd. Thierry Souccar.

32 ¬ ÉQUILIBRE ACIDO-BASIQUE

PRAL >0 : aliment acidifiant l'organisme.
PRAL <0 : aliment a un effet alcalinisant.
PRAL =0 : aliment neutre, sans influence sur l'équilibre acide-base.

Classification du potentiel acidifiant ou alcanisant de quelques aliments courants

Critère de classification : le PRAL*

	PRAL		Aliments
ACIDIFIANT	+	FORT	Agneau (abats). Bœuf (viande de grison). Bœuf (abats). Carpe. Chevreuil. Comté. Courge graine rôtie. Espadon. Farine de blé avec levure. Fromage de chèvre. Jaune d'œuf. Lapin rôti. Morue salée. Moule cuite. Mozzarella. Œufs de poisson. Parmesan. Porc (bacon grillé). Porc (rognons cuits). Poulet frit sans peau. Raclette. Sardines à l'huile conserve. Thon à l'huile conserve. Thon rouge frais cuit. Tournesol graine grillée. Tourteau. Veau (abats). Veau (escalope).
	+15	MOYEN	Agneau. Aiglefin. All Bran Kellogg's®. Avoine. Beignet nature. Blé soufflé. Boeuf. Brie. Cacahuètes salées. Cheval. Colin. Coquille St Jacques. Crêpe nature (prête à manger). Crevette. Flétan. Hareng fumé (grillé). Langouste. Loup. Madeleine. Moule crue. Noix de cajou rôtie à sec. Nouilles chinoises. Œuf préparé. Pain au levain. Pignon de pin. Porc jambon. Porc rôti cuit. Poulet rôti avec peau. Saumon. Spécial K®. Surimi. Thon albacore. Thon rouge. Weetabix®. Yaourt nature.
	+5	FAIBLE	Amande. Beignet enrobé de chocolat. Beurre. Biscuit aux oeufs type boudoir. Biscuit Chocolat BN®. Biscuit petit beurre. Blanc d'œuf. Boisson au soja. Champignons de Paris conserve. Chausson aux pommes. Chocolat blanc (au lait). Cola. Corn Flakes. Cornet de glace à la vanille. Couscous cuit. Crème fraîche. Crêpe nature maison. Croissant. Farine de blé. Farine de riz. Farine de maïs. Farine de seigle. Huître. Lait concentré sucré. Lait de brebis. Lentilles cuites. M&M's®. Twix®. Snickers®. Moutarde. Pain baguette. Petits pois conserves. Pois chiche. Poivre blanc. Quinoa. Riz sauvage. Sarrasin. Spaghetti. Tarte au ciron meringuée. Tarte aux pommes. Yaourt nature brassé.
NEUTRE	0		Bière ordinaire. Huiles végétales. Lait fermier. Margarine. Sucre de table. Sucre glace.
ALCANISANT		FAIBLE	Ail. Algue Nori. Ananas. Asperge fraîche. Biscuit aux figues. Café. Carotte cuite. Cassonade. Cerise fraîche. Cerise confite. Cerise conserve. Citron frais. Citron jus. Citron sorbet. Citron zeste. Cornichon aigre doux. Cornichon vinaigre. Eau Perrier®. Eau Volvic®. Fraise. Framboise. Mars®. Miel. Noix de coco. Olives. Orange fraîche. Orange jus. Orange marmelade. Orange sorbet. Petits-pois carottes surgelés. Poire. Poivron rouge. Pomme. Salade frisée. Tomate jus. Vanille. Vinaigre de cidre. Vinaigre de vin. Vinaigrette (huile et vinaigre).
	-5	MOYEN	Abricot confit. Ananas jus. Artichaut cru. Banane. Basilic frais. Persil frais. Carotte crue. Châtaigne. Chocolat à dessert. Chocolat noir 70 % cacao min. Datte séchée. Échalote crue. Figue confite. Haricot de lima. Menthe verte fraîche. Persil frais. Poire confite. Pomme de terre bouillie avec peau. Raisin rouge. Raisin sec. Rhubarbe. Roquette. Sirop d'érable. Tomate rouge crue.
	-15	FORT	Ananas confit. Banane séchée. Basilic feuille. Cacao en poudre Van Houten®. Café instantané. Cannelle poudre. Cardamome poudre. Curcuma poudre. Échalote lyophilisée. Gingembre confit. Litchi séché. Mélasse. Menthe fraîche déshydratée. Paprika. Persil déshydraté. Piment de Cayenne. Poivre noir. Pruneau. Romarin frais. Safran. Shitaké séché. Thym frais.
	−		

© source : Florence Piquet : *Guide de l'équilibre acide-base*. Ed. Souccar // * PRAL : *Potential Renal Acid Load* (charge rénale acide potentielle)

SANTÉ

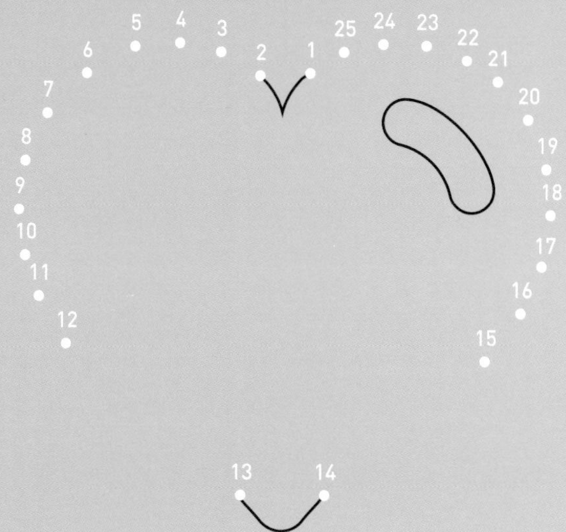
1
2
3
4
5
6
7
8
9
10
11
12
13
14
15
16
17
18
19
20
21
22
23
24
25

Préface de
Jean Michel Cohen

© Éric ROBERT

En acceptant de préfacer ce livre, je n'imaginais pas ce que j'allais y retrouver. Le thème bien entendu me motivait, mais je n'en connaissais pas encore la qualité. L'investigation est globale, passant de la modernité alimentaire et de ses méfaits, aux analyses des différents composants nutritionnels de nos aliments journaliers. Une revue sur les raisons de la prise de poids, sa réalité ainsi qu'une visualisation très pédagogique permettent de marquer nos esprits. Or, au-delà de la technique, éduquer, faire comprendre, sensibiliser sont les vrais moteurs du changement auquel nous aspirons tous.

Très sincères et authentiques félicitations pour Stéfane Guilbaud et son éditeur Thierry Souccar pour avoir conçu, écrit et présenté cet ouvrage accessible à tous et tellement bien fait.
Bonne lecture, bonne imbibition.

Dr Jean-Michel Cohen
Médecin nutritionniste,
auteur.

36 ¬ L'INDICE DE MASSE CORPORELLE

Calculer l'indice de masse corporelle chez un adulte

I.M.C. = indice de masse corporelle

Votre poids : .... kg

/

Votre taille (au carré)^2 : ... , ... m

=

Votre IMC ! .... **kg/m²**

*exemple : 70 kg / (1,60 x1,60) = IMC de **27,3** kg/m²*

Interpreter le résultat avec l'échelle des IMC.

Unité de mesure : kg/m²

- 16,5 kg/m²	18,5	25	30	35	40	+
Famine	Maigreur	Corpulence normale	Surpoids	Obésité modérée	Obésité sévère	Obésité morbide (massive)

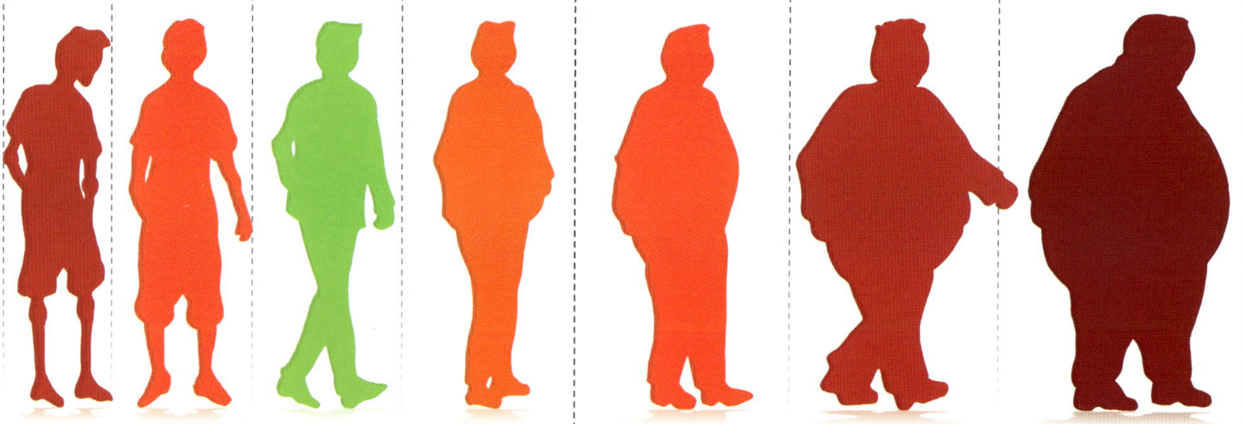

L'obésité ... en France, c'est :

- **3x** Trois fois plus de risque de maladies cardiovasculaires.
- **12x** Douze fois plus de risque de diabète de type II.
- **+** Plus de risque de cancers (prostate/rectum).
- **3%** 3% des dépenses totales de santé (estimation moyenne).

© sources : http://obesite.ulaval.ca, www.imc.fr/calcul. Information sur les risques : http://www.eufic.org

37 ¬ LA FACE SOMBRE DU SUCRE

Le sucre affaiblit le système immunitaire

© source : d'après Gérard Monsterleet, naturopathe.

38 ¬ LES BIENFAITS DU THÉ

LIRE AUSSI LES PAGES **10** & **83**

5 à 10 tasses de thé par jour auraient des effets bénéfiques

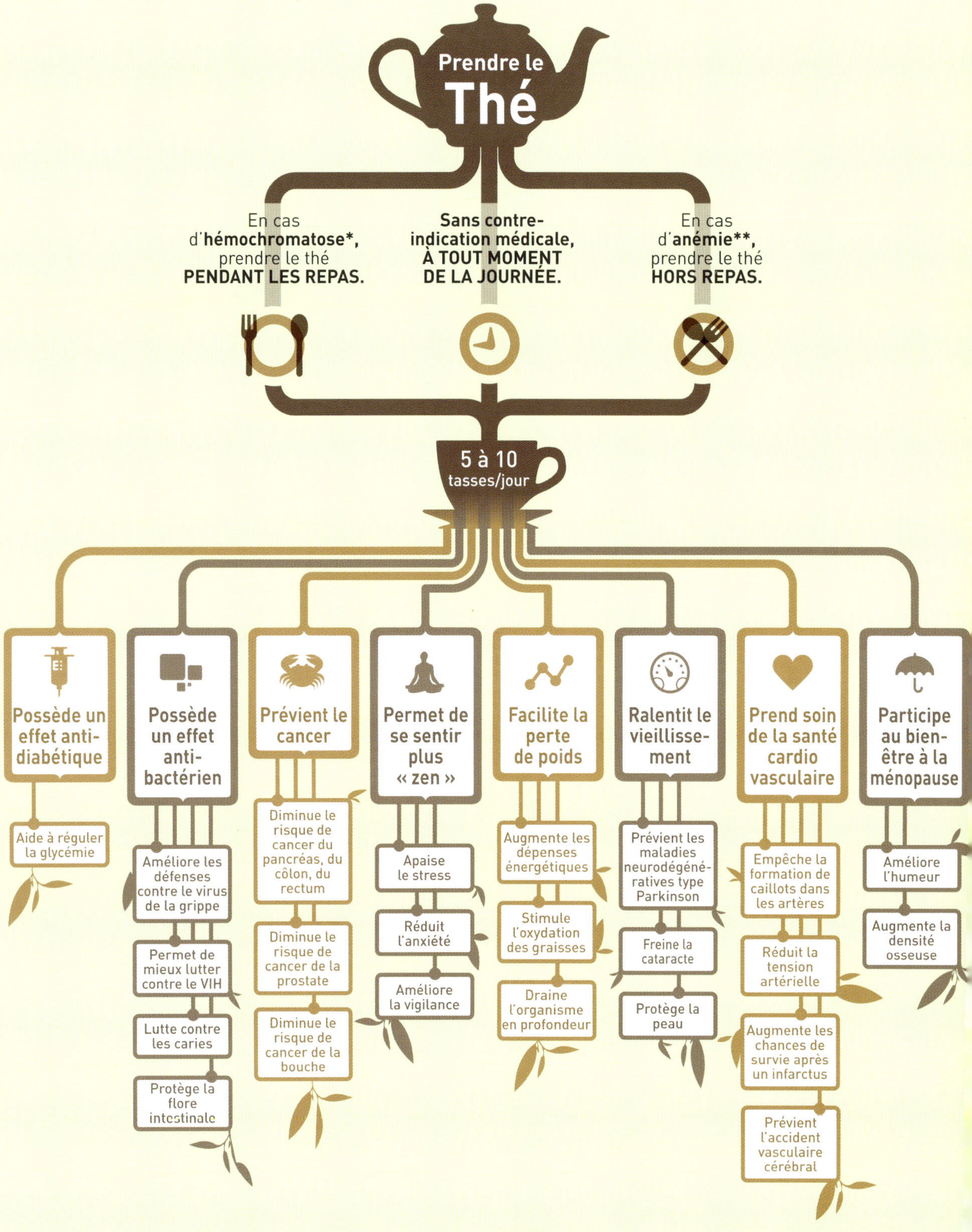

* Hémocromathose : trop de fer / ** Anémie : manque de fer.

© source : d'après Marvin Edeas, professeur d'Université, président de la SFA (*société française d'antioxydants*) et auteur de *Les secrets de santé du thé*, Ed Alpen.

39 ¬ L'ALIMENTATION D'HIER ET D'AUJOURD'HUI

Part des nutriments dans l'alimentation des années 50 et dans celle d'aujourd'hui

* Unité de mesure : pourcentage des calories consommées

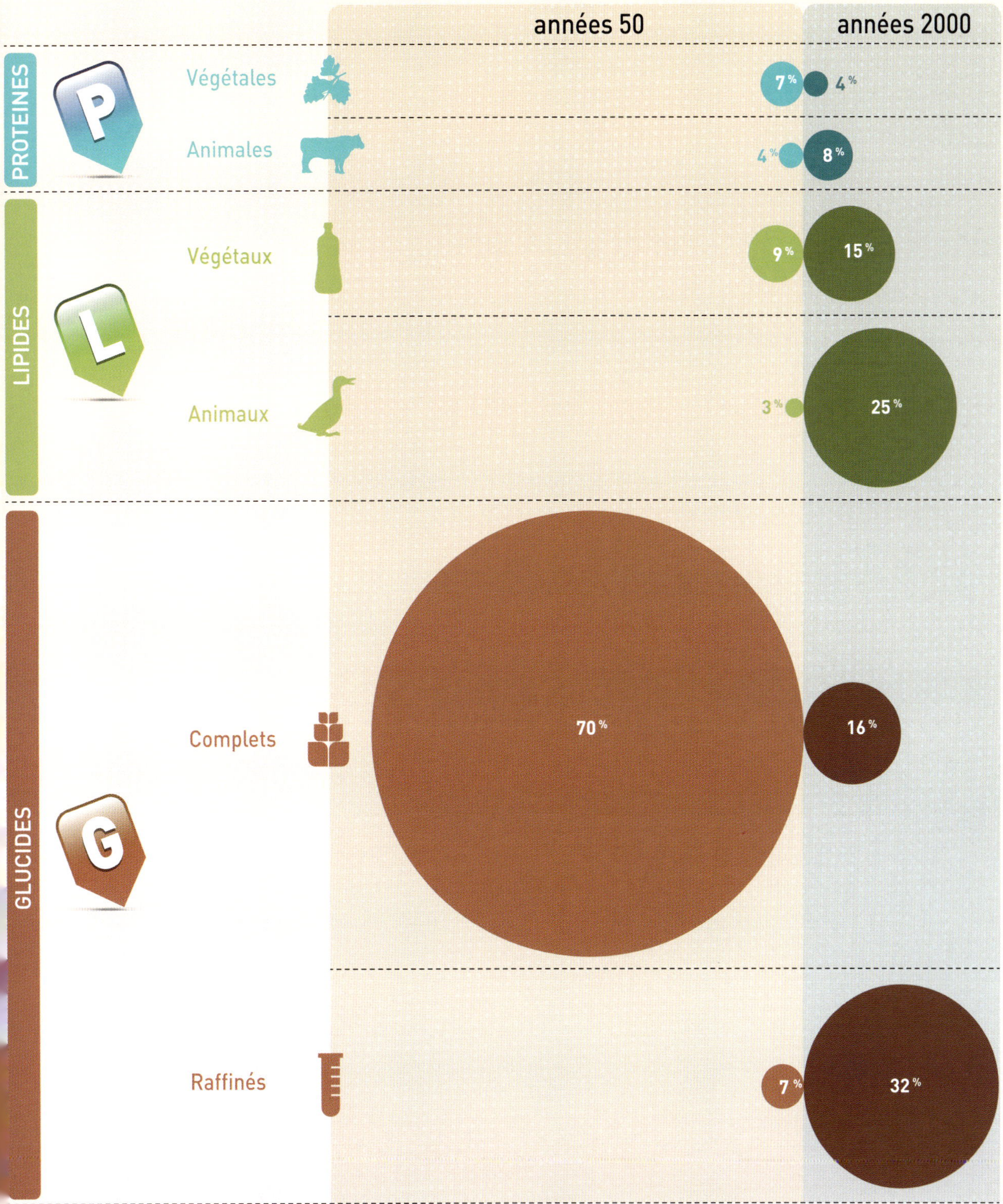

© sources : Jacques Médart. *Manuel pratique de nutrition*. Éditions de Boeck, 2005 / Jean-Yves Le Guennec, professeur d'université, département biologie, mécanismes du vivant, Montpellier 2

40 ¬ LES PIÈGES DE LA TABLE

Ce qui nous incite à manger plus

La forme d'un verre ... influence notre perception des contenances.

On a tendance à consommer 20 à 30 % de plus, lorsque l'on boit dans un verre bas et large (comparé à un verre haut et étroit).

L'illusion d'optique perburte notre perception des contenances.

La taille d'une assiette ... influence notre perception des quantités.

On a tendance à consommer 20 à 30 % de plus, lorsque l'on mange dans une grande assiette (comparé à une petite assiette).

L'illusion d'optique perburte notre perception des quantités.

La taille d'un contenant ... influence notre satiété.

On a tendance à consommer 20 à 30 % de plus, lorsque l'on se sert dans de grands paquets (comparé à de petits paquets).

La taille du contenant déplace la norme de consommation et influence notre satiété.

La diversité qui s'offre à nous ... stimule l'appétit sensoriel.

On a tendance à consommer 20 à 30 % de plus, lorsque l'on a la sensation d'avoir du choix (comparé à la sensation de ne pas avoir de choix).

La diversité stimule l'appétit sensoriel et influence notre consommation.

© source : Brian Wansink : *Conditionnés pour trop manger.* Ed. Souccar.

41 ¬ LES HABITUDES ALIMENTAIRES DES FRANÇAIS*

Quand les sondages affichent quelques évolutions

Consommation en baisse**

Je mange 3 produits laitiers par jour
-2,3%

Je mange des féculents au moins 3 fois par jour
-3,3%

J'utilise le beurre
-5,6%

J'utilise le sel
-7,3%

J'utilise la mayonnaise
-9,3%

J'utilise l'huile de tournesol
-11,8%

Consommation en hausse**

Je mange au moins 5 fruits et légumes par jour
+1,7%

Je bois une boisson sucrée par jour
+2%

J'utilise l'huile de colza dans ma vinaigrette
+3,7%

J'utilise l'huile d'olive dans ma vinaigrette
+7,5%

Je mange du poisson au moins 2 fois par semaine
+11,6%

Je mange des plats «tout prêts», au moins une fois par semaine
+14,8%

© source : Baromètre INPES 2008 / Étude basée sur le principe de la déclaration non vérifiée / *Adultes (hommes et femmes) de 18 à 75 ans/** Évolution de la consommation entre 2002 et 2008

42 ¬ LA FACE CACHÉE DES ALIMENTS

Rôle des macro et micro-nutriments qui composent nos aliments et les sources à privilégier

RÔLES : Énergie – Construction – Protection – Régulation

> NUTRIMENTS

Symbole	Nom	Rôles	Sources
G	GLUCIDES	Énergie	Pain, céréales, fruits...
L	LIPIDES	Énergie, Construction, Régulation	Huiles, beurre, oléagineux...
Pz	PROTÉINES	Construction, Protection, Régulation	Viandes, poissons, soja, œufs...
H_2O	EAU	Régulation	Eau, thé, café...
Fb	FIBRES	Protection, Régulation	Fruits, légumes, légumes secs, céréales complètes

> SELS MINÉRAUX

Symbole	Nom	Rôles	Sources
Ca	CALCIUM	Construction, Régulation	Laitages, choux, eaux minérales...
P	PHOSPHORE	Énergie, Construction	Laitages, soja, œufs...
Na	SODIUM	Régulation	Abats, coquillages, sel...
Cl	CHLORE	Régulation	Sel...
Mg	MAGNÉSIUM	Énergie, Protection, Régulation	Eaux minérales, noix, soja...
K	POTASSIUM	Construction, Régulation	Fruits et légumes frais et secs, oléagineux...

> OLIGOÉLÉMENTS

Symbole	Nom	Rôles	Sources
Zn	ZINC	Construction, Protection	Huîtres, foie, viandes...
Cu	CUIVRE	Construction, Protection	Abats, coquillages, cacao...
Fe	FER	Énergie, Protection	Viandes rouges, charcuteries...
F	FLUOR	Protection	Eau, thé, sel enrichi...
Se	SÉLÉNIUM	Protection	Noix du Brésil, poissons, viandes...
I	IODE	Régulation	Fruits de mer, poissons.

> VITAMINES

Symbole	Nom	Rôles	Sources
A	RÉTINOL	Construction, Protection	Foie, beurre, carotte, épinards...
B	FOLATES, BIOTINE, THIAMINE...	Énergie, Construction, Protection, Régulation	Tous les aliments.
C	ASCORBATE	Construction, Protection	Choux, épinards, cresson, kiwi, agrumes...
D	CHOLÉ-CALCIFÉROL	Construction, Protection, Régulation	Saumon, margarine...
E	TOCOPHÉROLS, TOCOTRIÉNOLS	Protection, Régulation	Huile de germe de blé, palme, olive, colza, oléagineux
K	PHYLLOQUINONE, MÉNAQUINONE	Construction, Régulation	Choux, persil, épinards...

© source : Jacques Médart : *Manuel pratique de nutrition*, Ed. de Boeck

43 ¬ STANDARD vs LIGHT

Les produits allégés, des produits qui allègent surtout notre culpabilité

Unité de mesure : kcal / 100 g

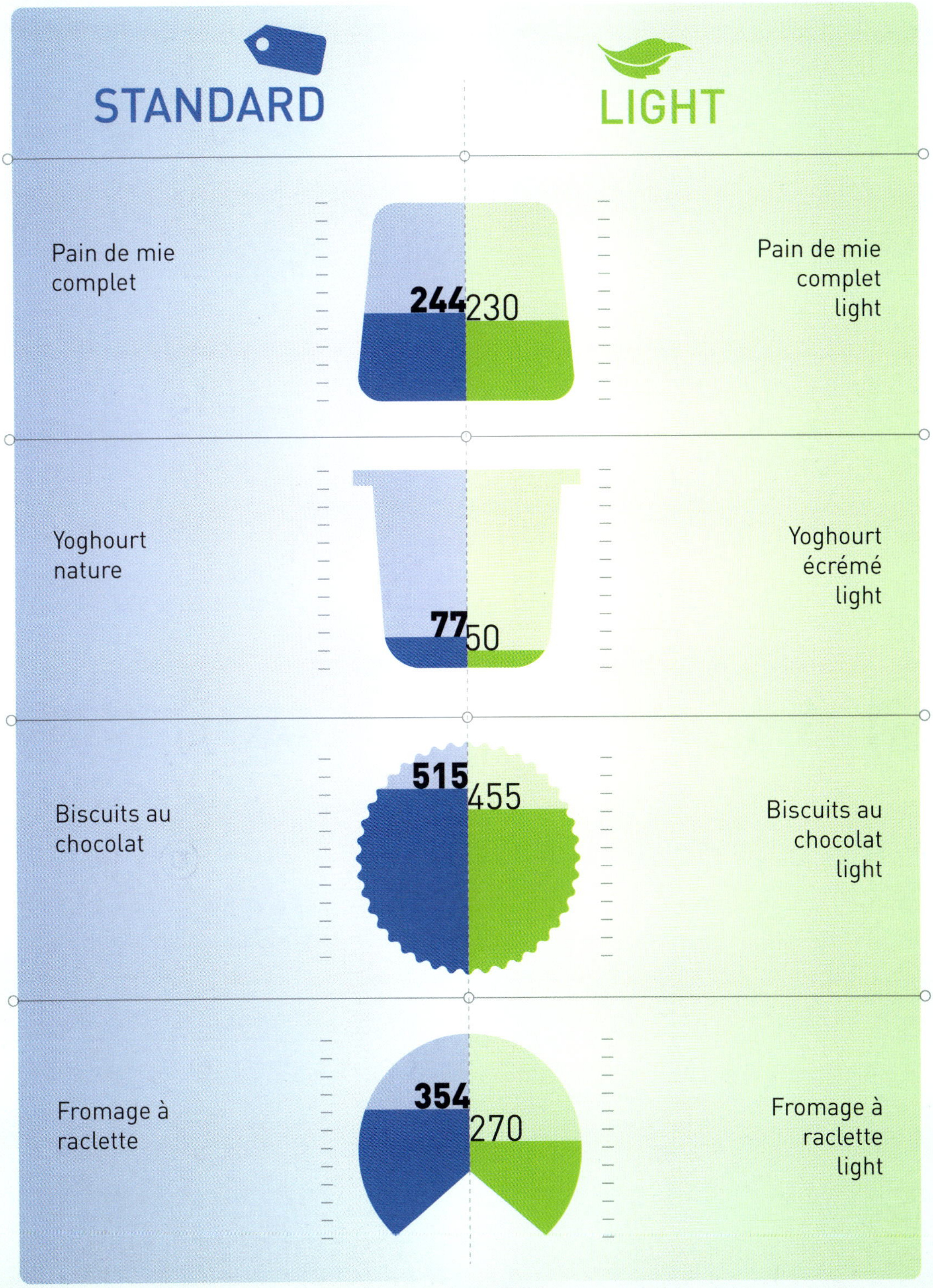

© source : www.femina.ch/bon-plans

44 ¬ LES ALLERGÈNES ALIMENTAIRES

Découvrez les 10 allergènes alimentaires les plus fréquents chez les Français

Unité de mesure : pourcentage

2 à 4 % des adultes souffrent d'hypersensibilités alimentaires dont...

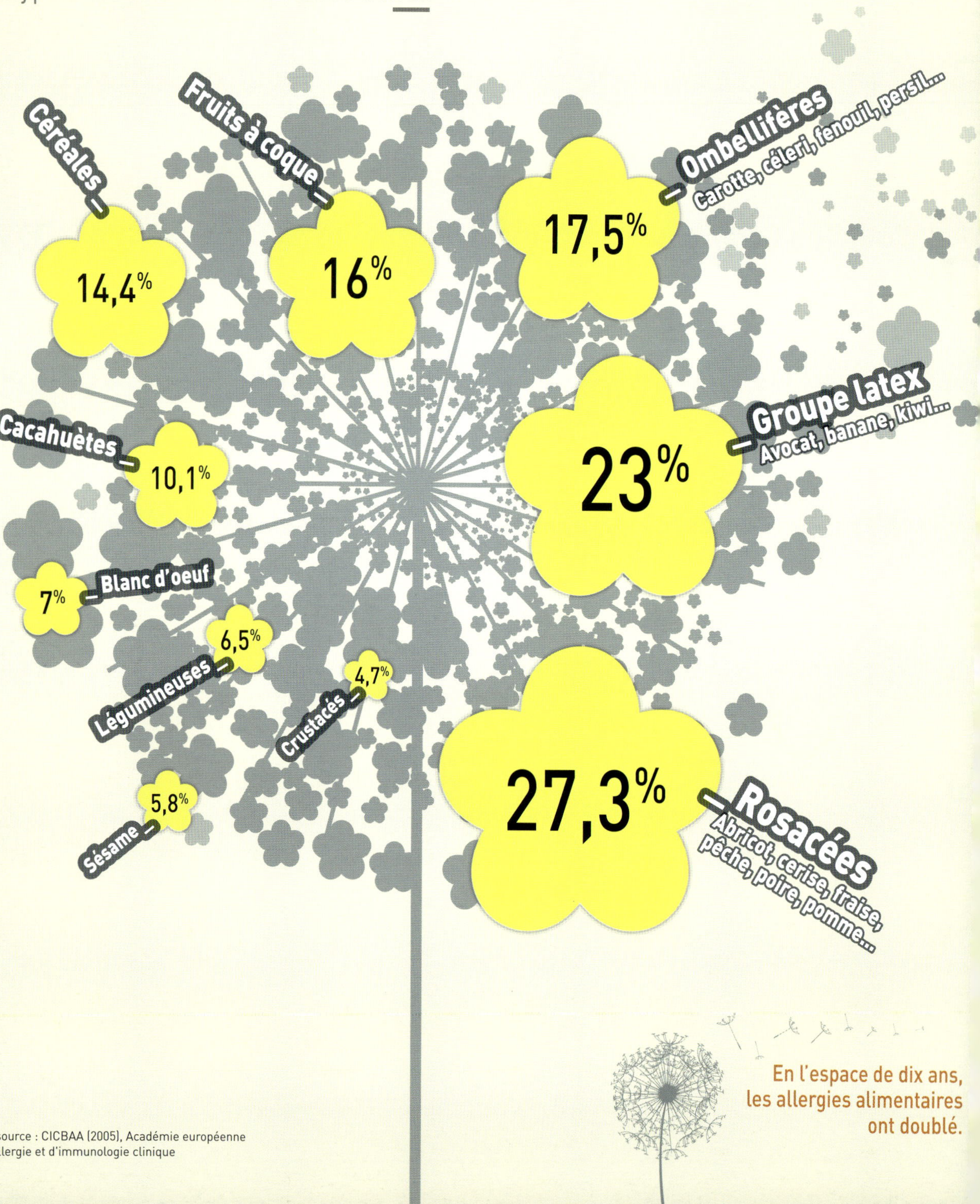

En l'espace de dix ans, les allergies alimentaires ont doublé.

45 – FAIM PHYSIOLOGIQUE OU PSYCHOLOGIQUE ?

Les cinq différences pour déterminer la vraie nature de votre faim

La faim se manifeste ...

Physiologiquement		Psychologiquement
... en augmentant **progressivement.**	**Comment ?**	... en apparaissant **soudainement.**
... **au-dessous** du niveau du cou. *Exemple : avoir l'estomac qui gronde*	**Où ?**	... **au-dessus** du niveau du cou. *Exemple : en avoir l'eau à la bouche*
... plusieurs **heures après** le dernier repas.	**Quand ?**	... **indépendamment** de l'heure du dernier repas.
... **le temps nécessaire** pour être rassasié.	**Pendant ?**	... **tout le temps,** même lorsque l'estomac est rassasié.
... donner un sentiment de **satisfaction**	**Pour ?**	... donner un sentiment de **honte**, de **culpabilité**
Physiologiquement		Psychologiquement

© source : Brian Wansink : *Conditionnés pour trop manger.* Ed. Souccar

46 ¬ LES HUILES CÔTÉ SANTÉ

Composition des huiles courantes

Unité de mesure : pourcentage

Oméga 3 Linolénique — Oméga 6 Linoléïque — Oméga 9 Oléïque — *[Saturés]* Palmitique, Stéarique...

© source : www.lanutrition.fr

47 ¬ MANGER ENTRE AMIS

Manger entre amis modifie notre comportement et nous pousse à manger plus

Unité de mesure : augmentation des calories ingérées en pourcentage

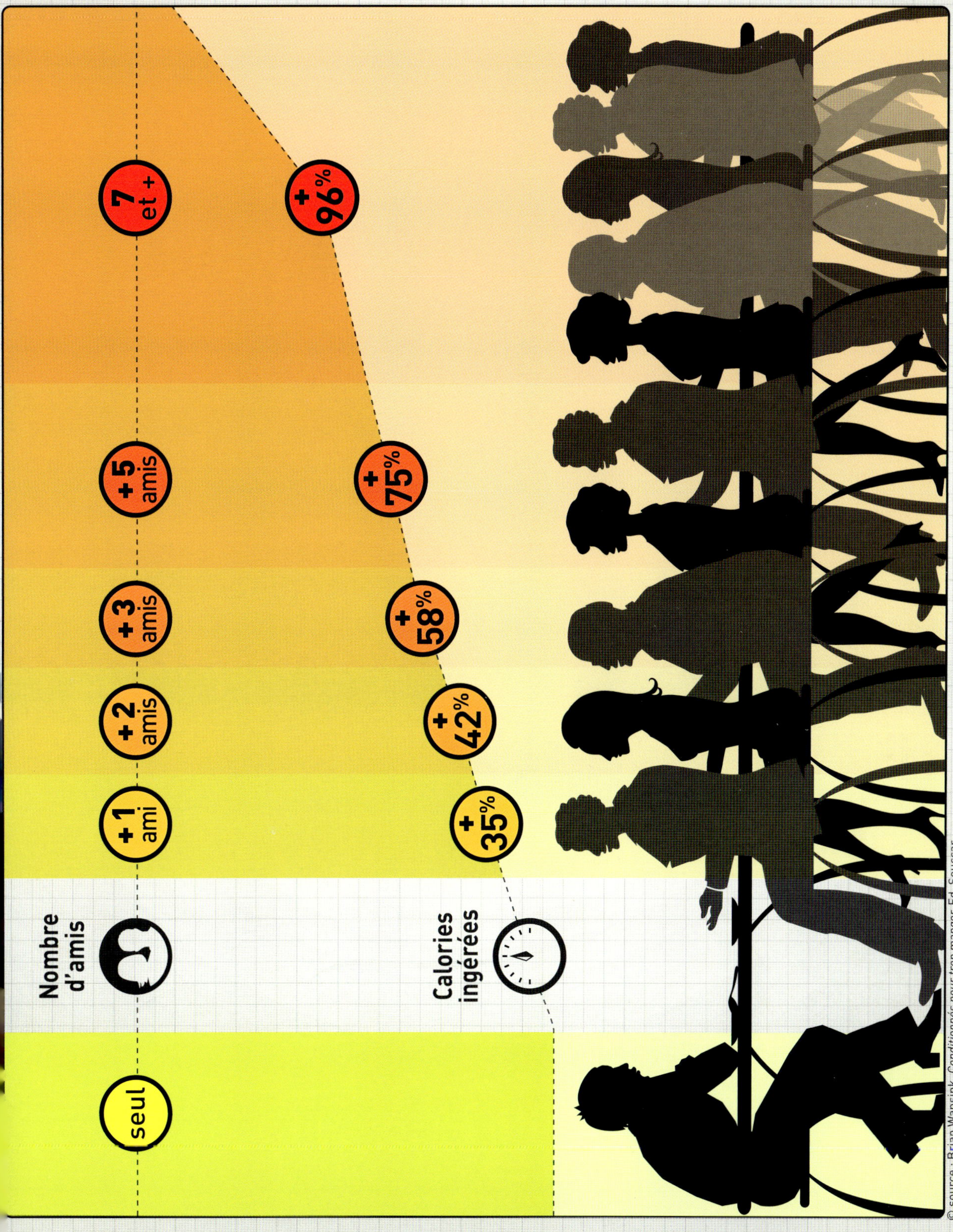

© source : Brian Wansink, *Conditionnés pour trop manger*. Ed. Souccar

48 ¬ VERS LE RÉGIME IDÉAL

Des repères pour mieux manger

Comment se rapprocher du régime idéal[1]

- ↓ Réduire sa consommation.
- = Consommer modérément.
- ↑ Augmenter sa consommation.

[1] Si votre alimentation est semblable à celle de la majorité de la population

Aliments	Fréquence conseillée	Évolution conseillée
PAIN BLANC CORN FLAKES RIZ BLANC POMME DE TERRE CONFISERIES GÂTEAUX VIENNOISERIES SODAS CHARCUTERIES	0-3 FOIS SEMAINE	↓
LAITAGES	0-2 FOIS JOUR	↓
PÂTES COMPLÈTES RIZ (SEMI-) COMPLET PAIN (SEMI-) COMPLET BISCUITS SECS	0-6 FOIS JOUR	↓
VIANDES VOLAILLES	0-3 FOIS SEMAINE	=
ŒUFS	2-5 FOIS SEMAINE	=
HUILE DE COLZA[2] HUILE D'OLIVE[2] GRAISSE D'OIE OLÉAGINEUX NATURE	2-6 FOIS JOUR	=
POISSON FRUITS DE MER	3-4 FOIS SEMAINE	↑
LÉGUMES FRAIS FRUITS FRAIS LÉGUMES SECS FRUITS SECS PLANTES RACINAIRES TUBERCULES[3]	5-12 FOIS JOUR	↑

© source : www.lanutrition.fr / (2) 1re pression / (3) sauf pomme de terre

49 ¬ LES INDEX GLYCÉMIQUES DE NOS REPAS

LIRE AUSSI LA PAGE **31**

Alimentation crétoise vs alimentation occidentale

IG = index glycémique

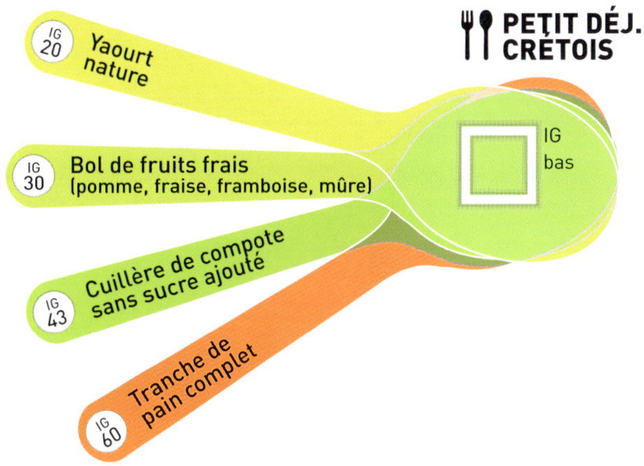

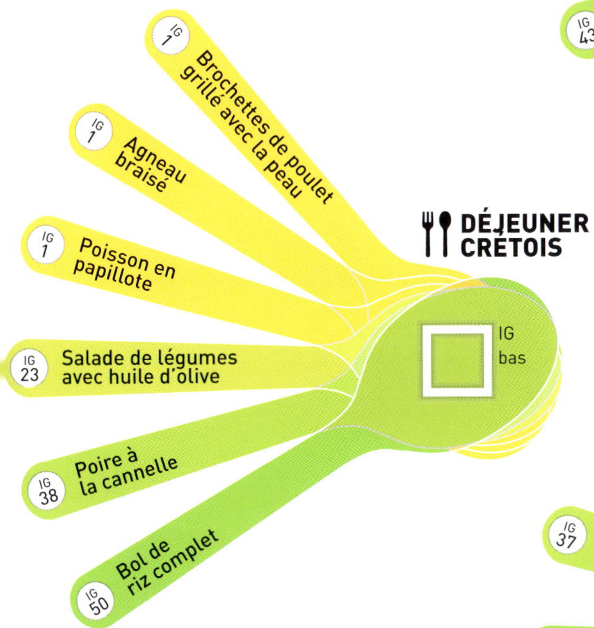

La plupart des auteurs considèrent que les IG :
- inférieurs à 55 sont bas.
- entre 55 et 69 sont moyens.
- supérieurs à 70 sont élevés.

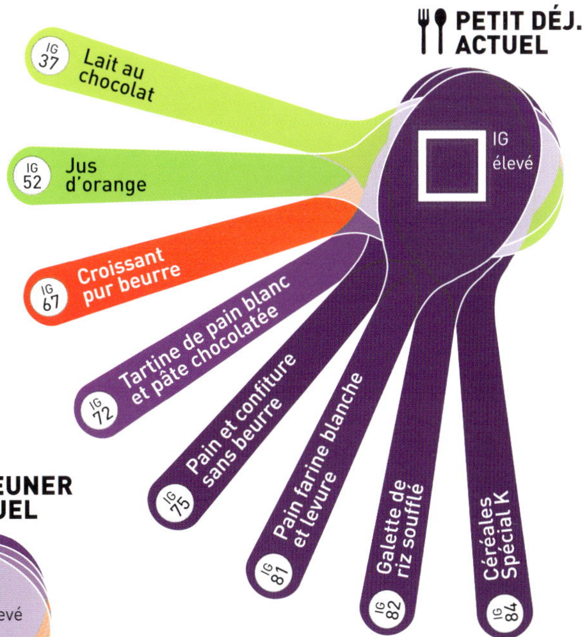

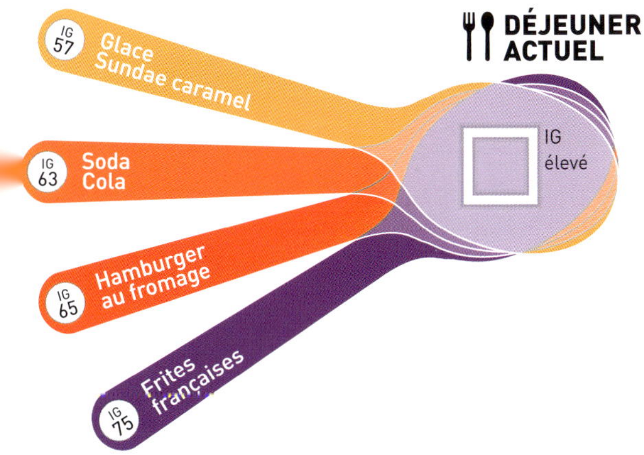

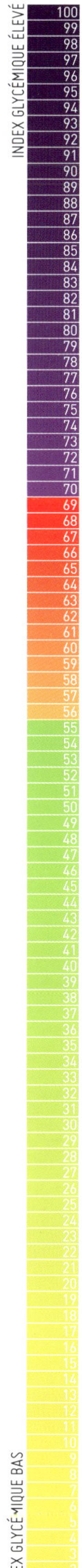

© sources : lanutrition.fr / montignac.com / nutritiondata.com / ligne-en-ligne.com . Couleurs mélangées avec le mode « couleurs »

50 ¬ RÉGIME PALÉO vs ALIMENTATION MODERNE

Comparaison des apports alimentaires entre le Paléolithique et aujourd'hui

	Alimentation d'un homme du Paléolithique	Alimentation d'un homme moderne en France (INCA2)
Glucides [en %]	39	44
Lipides [en %]	35	39
Protéines [en %]	26	17
Rapport Ω 6/3 [résultat doit être inférieur à 1]	0,66	17
Vitamine B1 [en mg/j]	6,5	2
Vitamine B2 [en mg/j]	4	1,5
Vitamine E [en mg/j]	33	9
Vitamine C [en mg/j]	605	97
Zinc [en mg/j]	43	11
Sodium [en mg/j]	770	3380
Potassium [en mg/j]	10500	2600
Bêta-carotène [en mg/j]	6	2

Comparaison des sources de calories

Part des calories apportées par les sucres, céréales, laitages, huiles raffinées [en %]

Alimentation d'un homme du Paléolithique	Alimentation d'un homme moderne en France (INCA2)
3	68

Comparaison des familles d'aliments consommées

Unité de mesure : grammes par jour

	Alimentation d'un homme du Paléolithique	Alimentation d'un homme moderne en France (INCA2)
Plantes	1300	200
Viandes, abats	350	90
Poissons	200	30
Laitages	0	200
Céréales, féculents	0	250
Pizzas, sandwiches	0	40

© source : Thierry Souccar : Le régime préhistorique, Éd. Indigène, 2006.

51 ¬ NOS BESOINS EN VITAMINES ET MINÉRAUX SONT-ILS COUVERTS ?

Pourcentage de la population française recevant les Apports Nutritionnels Conseillés (ANC) en vitamines et minéraux

Unité de mesure : pourcentages pour les **femmes** et les **hommes**

© source : Étude SU.VI.MAX

52 ¬ LES FRANÇAIS ET LEUR POIDS

La prévalence de l'obésité chez les plus de 18 ans, en France

Unité de mesure : pourcentage

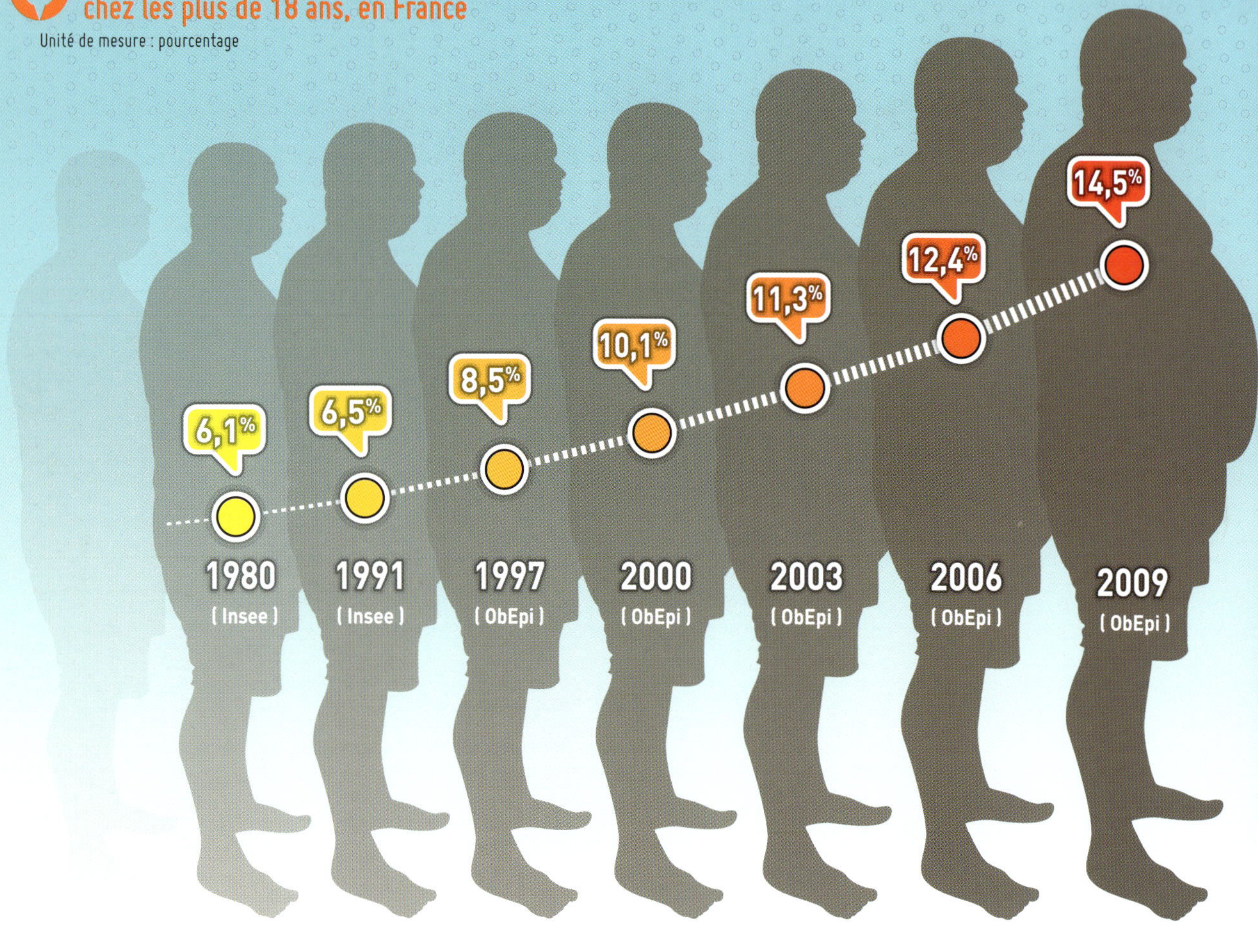

Qui suit un régime amaigrissant ?

Unité de mesure : pourcentage

	1981 [en %]	1992 [en %]	2003 [en %]
Employés (de bureau, commerce, service aux particuliers…)	4,1	5,5	7,5
Professions intermédiaires (de l'enseignement, santé, fonction publique…)	3,5	4,4	6,0
Cadres et professions intellectuelles supérieures	3,5	2,5	5,9
Artisans, commerçants et chefs d'entreprise	2,5	3,9	4,7
Ouvriers	2,3	2,6	3,5
Agriculteurs	1,0	1,0	3,4

Prévalence de l'obésité : *Nombre de cas déclarés d'obésité (cas nouveaux et cas déjà déclarés) divisé par la population totale, sur une période donnée ou à un moment défini.*

© sources : Insee (enquête santé parmi les individus actifs de 18 à 65 ans résidant en France métropolitaine), ObEpi

53 ¬ PRINCIPALES CAUSES DE DÉCÈS DANS LES PAYS RICHES

On estime que 57 millions de personnes sont décédées dans le monde en 2008. Dans les pays riches, ce sont les maladies cardiovasculaires qui tuent le plus

Unité de mesure : pourcentages

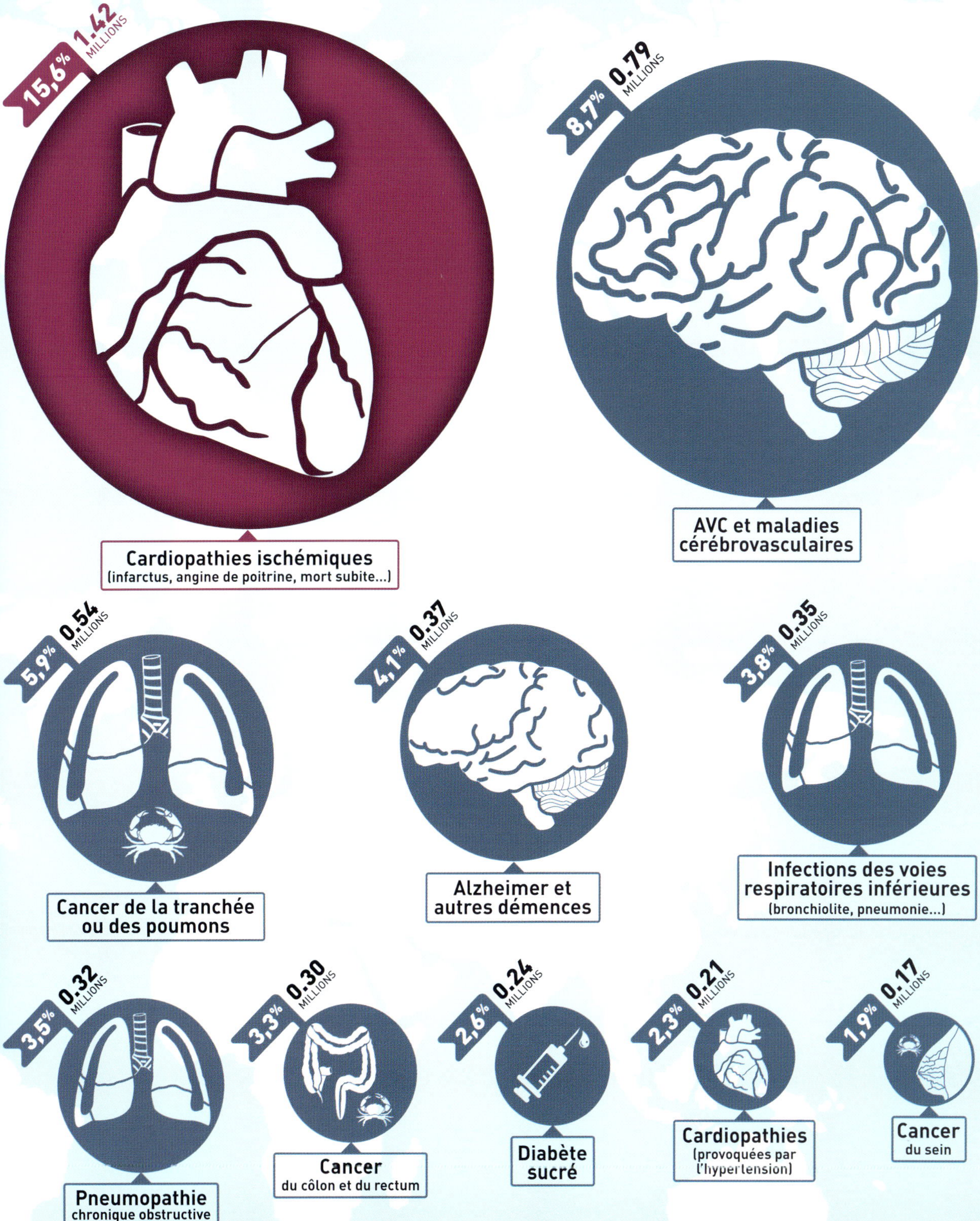

© source : http://www.who.int/mediacentre

54 ¬ LE POUVOIR CARIOGÈNE DES ALIMENTS

Classification des aliments selon leur pouvoir à donner des caries dentaires

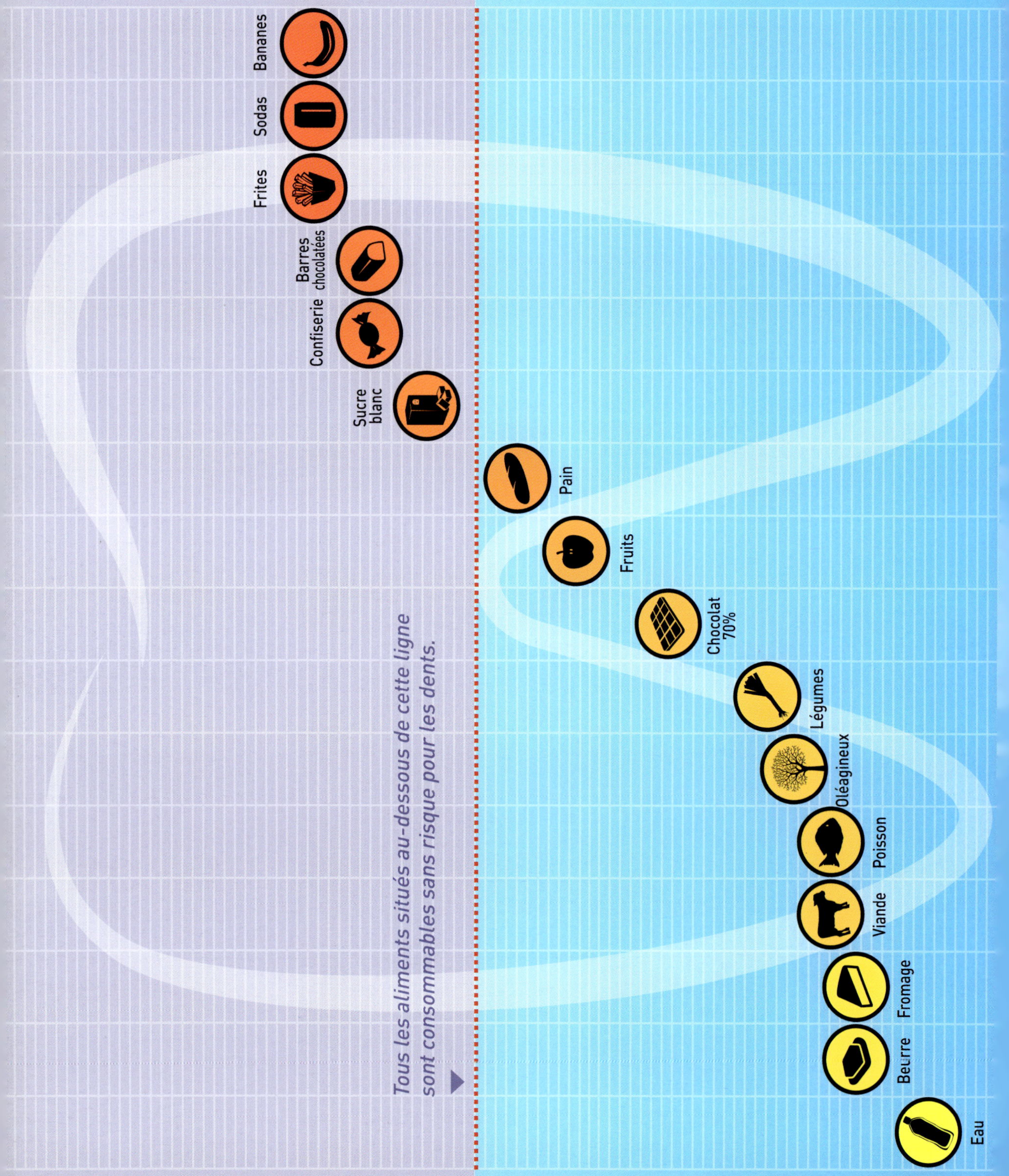

55 ¬ LES MODES DE CUISSON

Avantages et inconvénients

Vitamines hydrosolubles = Vitamine C et vitamines du groupe B (B1, B2, B3, B5, B6, B9, B12)

EAU Immersion à froid *	Les vitamines hydrosolubles et les sels minéraux passent dans l'eau. On profite de leurs bienfaits en consommant l'eau.	Les vitamines hydrosolubles et les sels minéraux passent dans l'eau. En jetant l'eau, on perd tous les bénéfices. De plus, les vitamines sont sensibles à la chaleur.	Faitout, casserole.
EAU Immersion à chaud *	Les sels minéraux sont mieux préservés qu'à froid. Les saveurs sont préservées en cuissons courtes.	Les sels minéraux sont mieux préservés qu'à froid. Les vitamines hydrosolubles craignent la chaleur.	Faitout, casserole.
EAU VAPEUR atmosphérique	Les vitamines hydrosolubles sont préservées. Les sels minéraux sont intacts.		Cuit-vapeur, four vapeur, panier en bambou, couscoussier.
EAU VAPEUR sous pression	Les vitamines hydrosolubles sont préservées. Les sels minéraux sont intacts. Gain de temps et cuisson.		Cocotte minute (autocuiseur)
FRITURE 140 à 180° C		Les vitamines sensibles à la chaleur sont détruites. L'eau qui sort est remplacée par du gras. Présence de benzopyrènes.	Astuces : enrober l'aliment d'une pâte à frire que vous jetez après cuisson.
GRILLADE Four, barbecue	Une économie de matières grasses.	Une consommation très fréquente de grillades présente des risques cancérigènes en raison des benzopyrènes présents.	Barbecue, gril en fonte, gril du four.
POÊLÉE et braisée	Une économie de matières grasses.	Les vitamines hydrosolubles sont détruites par la chaleur. Éviter les cuissons longues pour limiter la desctruction des vitamines.	**Version poêlée :** cuisson à découvert. **Version braisée :** on fait revenir et on couvre.
MICRO ONDES	Un mode de cuisson qui ne nécessite pas l'ajout de gras et qui ne produit pas de benzopyrènes.	Nocivité des ondes non prouvée. Attention, si microbes il y a, les ondes ne les tuent pas car ce n'est pas un stérilisateur.	Convient mieux pour réchauffer un aliment que pour le faire cuire.
MIJOTER Cuisson à l'étouffée	À feu doux c'est non agressif. Les vitamines hydrosolubles sont relativement préservées si la cuisson reste courte. Les sels minéraux sont intacts.		Ustensile clos.

** La différence entre immersion à froid et à chaud est réelle si les temps de cuisson sont optimisés, c'est-à-dire si on laisse cuire juste ce qu'il faut.*

© source : d'après www.meilleurduchef.com . Adapté par Juliette Pouyat, spécialiste du traitement thermique des aliments.

56 ¬ LE SUCRE DANS TOUS SES ÉTATS

Comparaison des teneurs en minéraux et oligo-éléments du suc de canne complet, du sucre de canne roux et du sucre blanc

Unités de mesure : **teneur** en mg pour 100 g et **perte** en % par rapport au suc complet

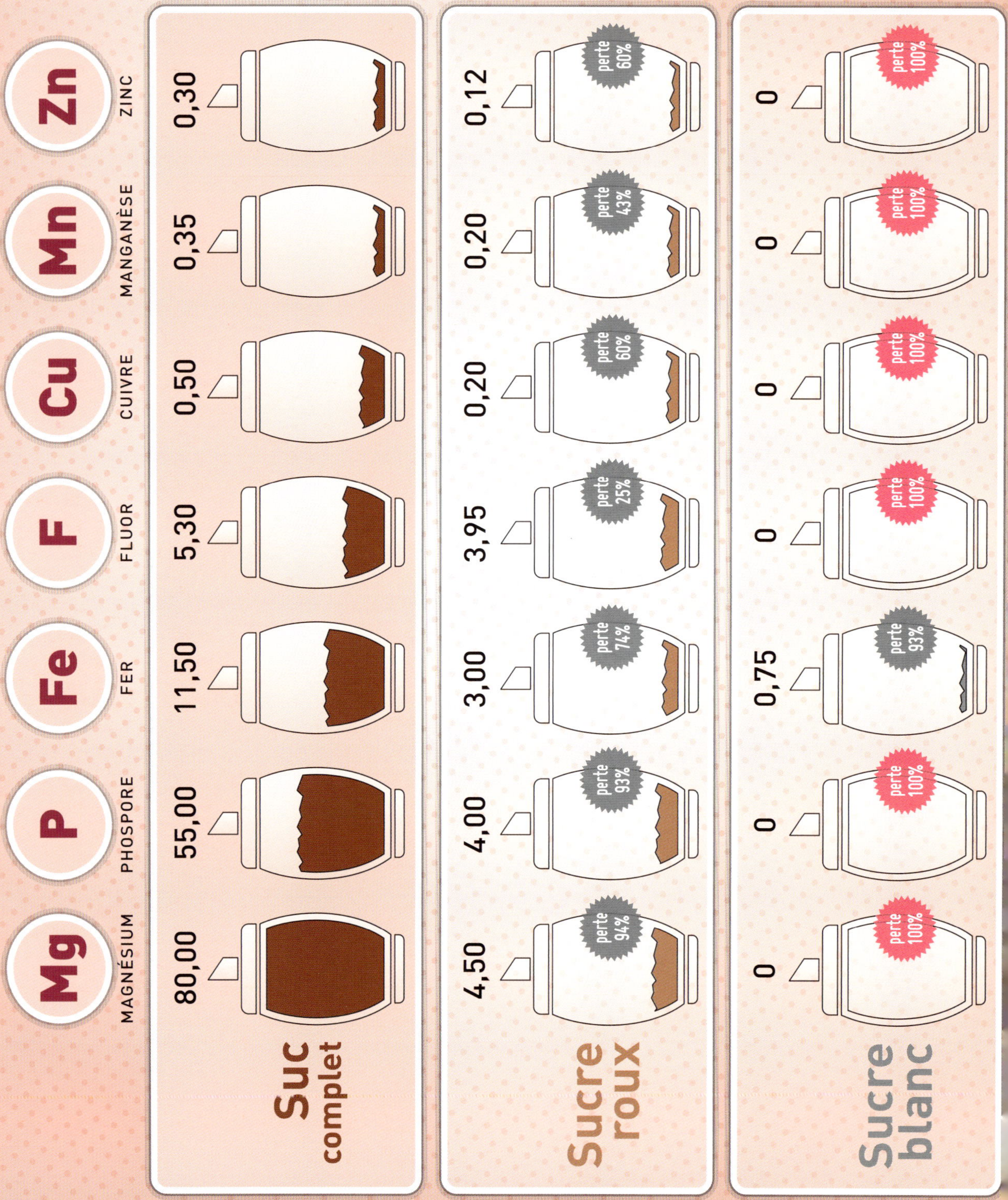

57 ¬ L'ORANGE ET SES DÉRIVÉS

Plus on transforme un aliment, plus on perd de nutriments

* Pourcentage de l'apport nutritionnel conseillé (ANC) pour 100 kcal d'aliment (ANC pour un homme de 80 kg).

% ANC*	ORANGE (1 portion 68 kcal)	JUS D'ORANGE (1 portion 90 kcal)	SODA À L'ORANGE (1 portion 120 kcal)
Fb – Fibres	15%	1,5%	0%
K – Potassium	6,8%	8,9%	0,2%
Mg – Magnésium	5,3%	5,8%	1,2%
Ca – Calcium	9,8%	2,7%	2,9%
C – Vitamine C	111,3%	101 %	0%
B9 – Vitamine B9	21%	20,2%	0%
B6 – Vitamine B6	9%	4,9%	0%
B3 – Vitamine B3	6,2%	6,3%	0%
B2 – Vitamine B2	6,5%	4,2%	0%
B1 – Vitamine B1	10,7%	15,4%	0%

© source : www.lanutrition.fr

58 ¬ RÉGIMOGRAMME

Le profil nutritionnel de six régimes

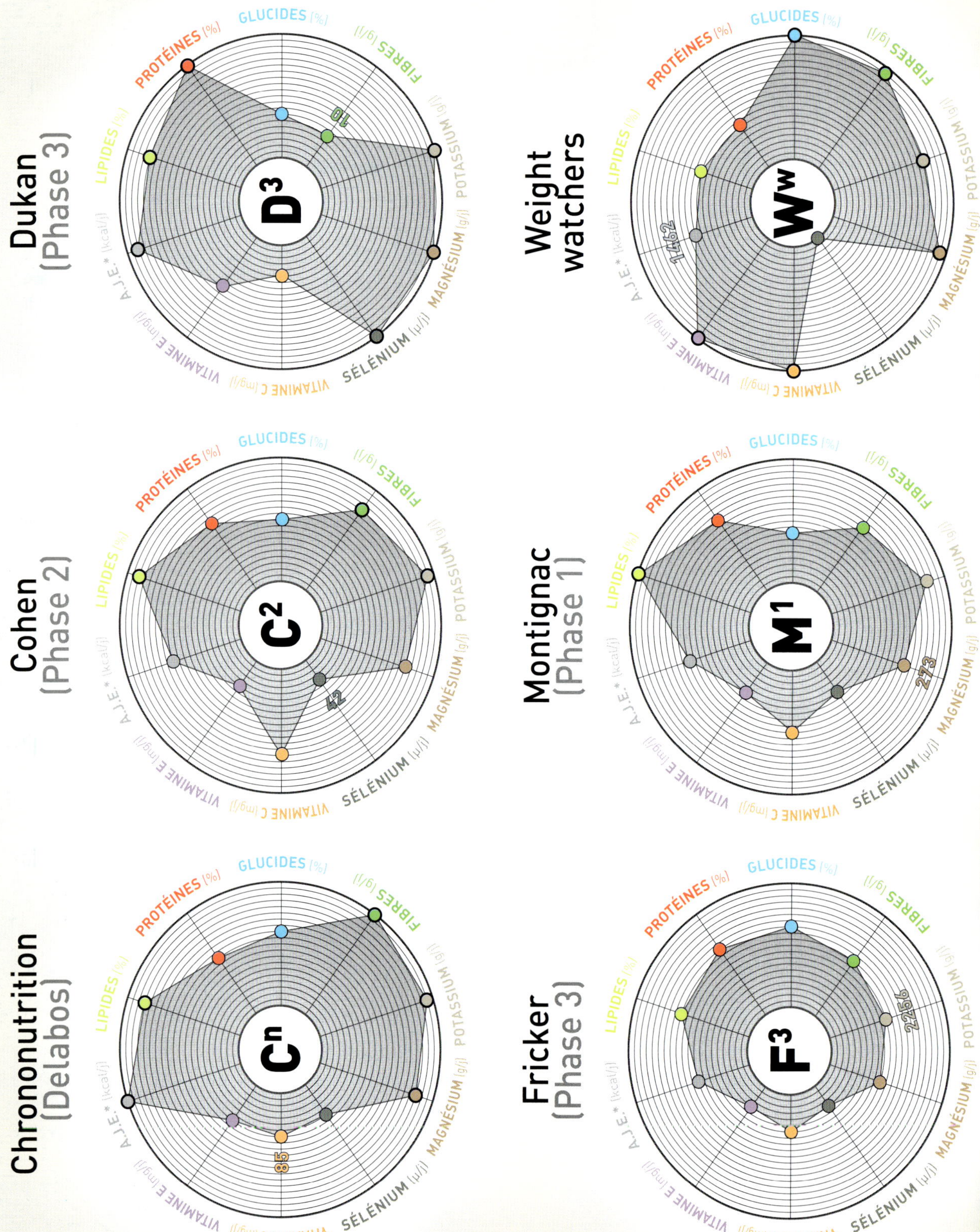

© source : ANSES - Rapport d'expertise, *Évaluation des risques liés aux pratiques alimentaires d'amaigrissement,* Novembre 2010 // * *A.J.E. : Apport journalier énergétique.*

ÉCOLO

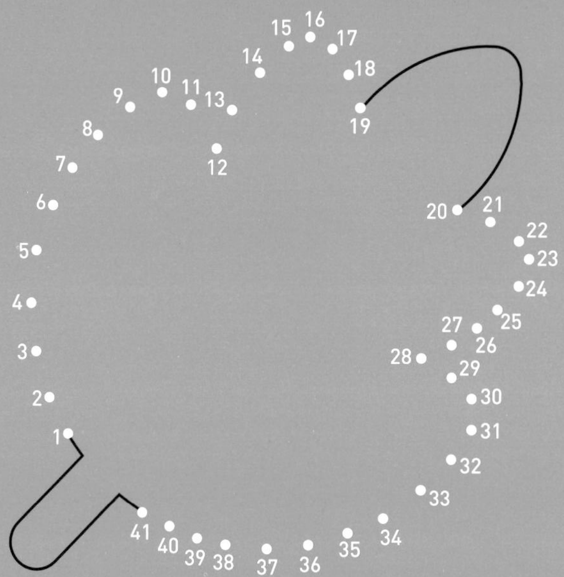
1
2
3
4
5
6
7
8
9
10
11
12
13
14
15
16
17
18
19
20
21
22
23
24
25
26
27
28
29
30
31
32
33
34
35
36
37
38
39
40
41

Préface de
Yann Arthus-Bertrand

© Erwan SOURGET

Lorsque mon combat d'écologiste a commencé, j'ai découvert une urgence et une stricte nécessité pour notre civilisation.
À la lecture de ce livre, j'ai retrouvé un potentiel pédagogique qui peut se révéler être une force supplémentaire dans la sensibilisation et la responsabilisation de tout un chacun.
Il permet de se poser de bonnes questions : si j'achète du café du commerce équitable, je décide d'aider des gens à vivre autrement... Si je consomme une espèce de poisson menacée, je contribue à l'épuisement de nos ressources naturelles...

Puisse ce livre, accompagner nos enfants dans leur éducation, en leur donnant un outil de plus pour apprendre, comprendre et agir pour une planète dont nous sommes tous dépendants.
Merci Stéfane pour ce travail.

Yann Arthus-Bertrand
Photographe, réalisateur.
Président de la Fondation GoodPlanet.
Ambassadeur de bonne volonté du Programme des Nations Unies pour l'Environnement.

62 ¬ LES IMPORTATIONS INUTILES

Quelques produits que nous pourrions produire au lieu de les faire venir de l'autre bout du monde

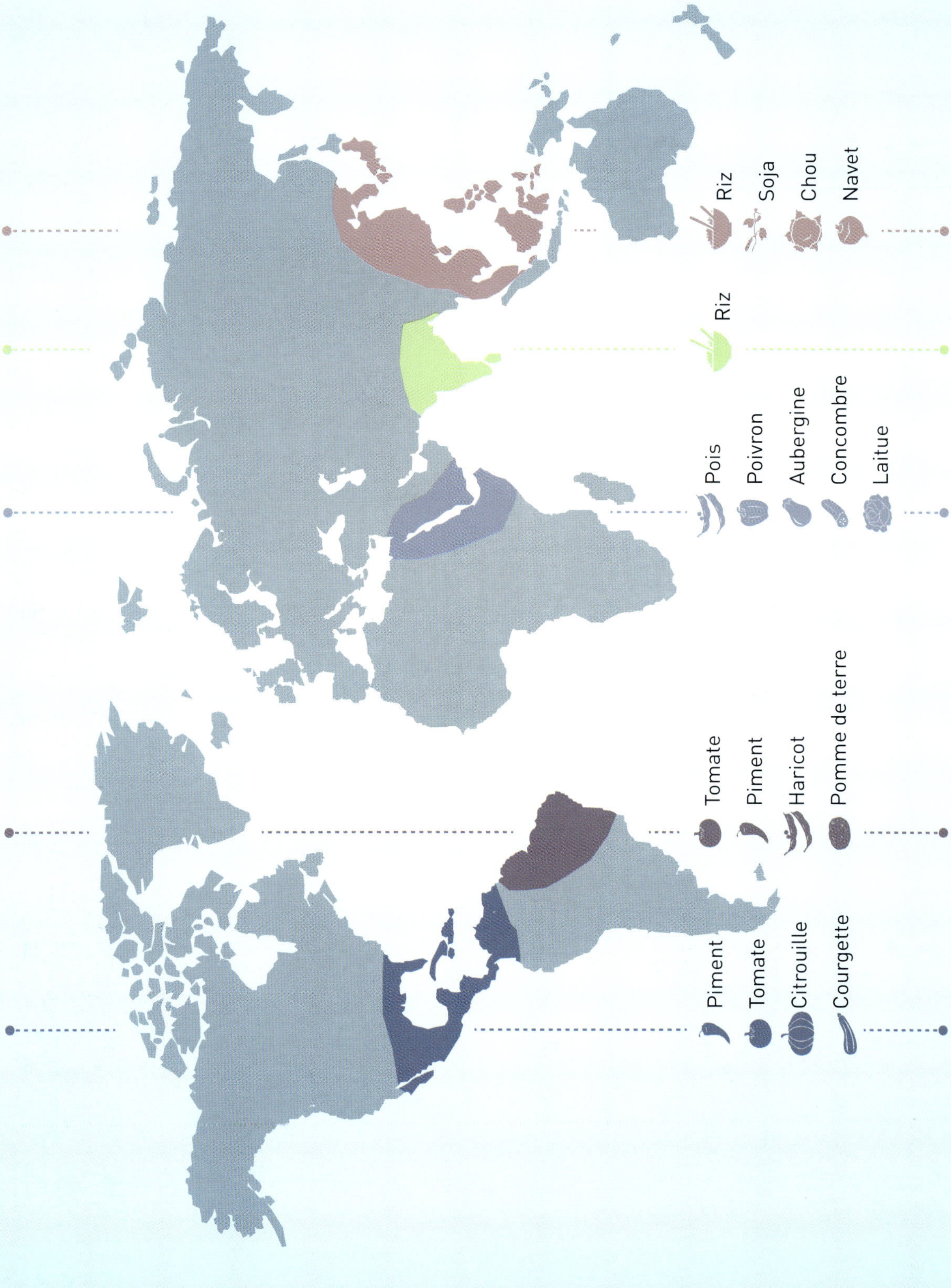

© source : Gilles Fumey et Olivier Etcheverria · *Atlas mondial des cuisines et gastronomies*. Ed. Autrement

63 ¬ LES TERRES CULTIVABLES

Combien de terres émergées sont-elles cultivables ?

Unité de mesure : pourcentage

Terres agricoles

37,50% TERRES AGRICOLES

Soit 4,8 Mds d'ha

CULTIVABLES

dont 12,00% PALMERAIES VERGERS VIGNES...

NON CULTIVABLES

dont 25,50% PÂTURAGES PRAIRIES...

Forêts

31,25%

Soit 4,0 Mds d'ha

NON CULTIVABLES

FORÊTS DIVERSES BOISEMENTS GARRIGUES

Autres

31,25%

Soit 4,0 Mds d'ha

NON CULTIVABLES

URBAINES ROCHES GLACIERS DÉSERTS & LACS

© sources : FAOstat

64 ¬ L'EMPREINTE HYDRIQUE DE 6 ALIMENTS COURANTS

Le volume total d'eau douce nécessaire à la production de...

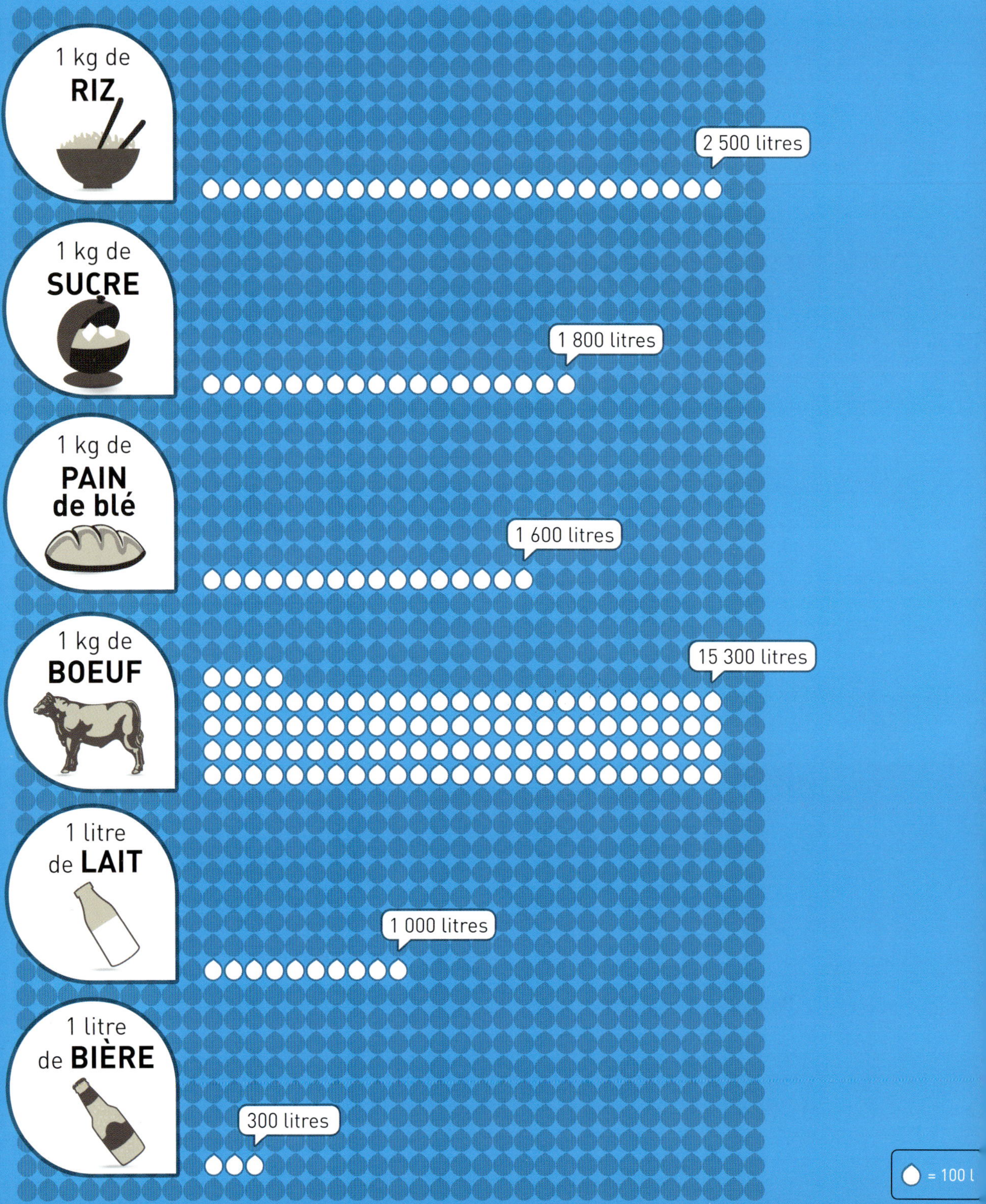

© sources : www.empreinte-de-l-eau.org

65 ¬ L'EMPREINTE TERRESTRE DE 6 ALIMENTS COURANTS

La surface de sol nécessaire à la production de...

*Boeuf et fourrages

© source : www.notre.planete.info

66 ¬ L'EMPREINTE HYDRIQUE & CARBONE DU JUS D'ORANGE

Boire un jus d'orange qui vient du Brésil a un coût pour la planète

USA = Floride ou Californie.

Pour produire un verre de jus d'orange, il faut...

	de l'EAU	du PÉTROLE	du PÉTROLE	de L'EAU
	PRODUCTION + LAVAGE + IRRIGATION (USA)	**ÉVAPORATION** + ENTRETIEN + PLANTATION	**TRANSPORT**	**DILUTION**
Brésil	22 verres **d'eau par verre de jus.** Il faut 24 tonnes d'eau pour produire 1 tonne d'oranges.	100 kg **de pétrole par tonne d'oranges.** Cette étape permet d'obtenir des jus concentrés et ainsi de réduire les coûts de transport.	1 à 2 verres **de pétrole par verre de jus.** Le cargo parcourt 12 000 km.	1 verre **d'eau par verre de jus**
USA	Aux USA, du fait de l'irrigation, il faut 1000 tonnes d'eau pour produire 1 tonne d'oranges.	Aux USA, le pétrole est peu utilisé pour l'évaporation. En revanche, les chaufferettes, utilisées pour protéger les oranges contre le gel, consomment énormément.	Le cargo parcourt 5 000 km.	

"Si tous les habitants de la planète consommaient autant de jus d'orange que les Allemands, il faudrait consacrer 130 000 km² aux orangeraies, soit plus de trois fois la superficie totale d'un petit pays comme la Suisse". Suren Erkman. *"Vers une écologie industrielle". Ed. CL Mayer*

© source : travaux de Suren Erkman, professeur à l'université de Lausanne, d'après une étude de l'Institut Wuppertal.

67 ¬ LE PIPELINE ALIMENTAIRE

Les pertes après récolte, entre le producteur et le consommateur

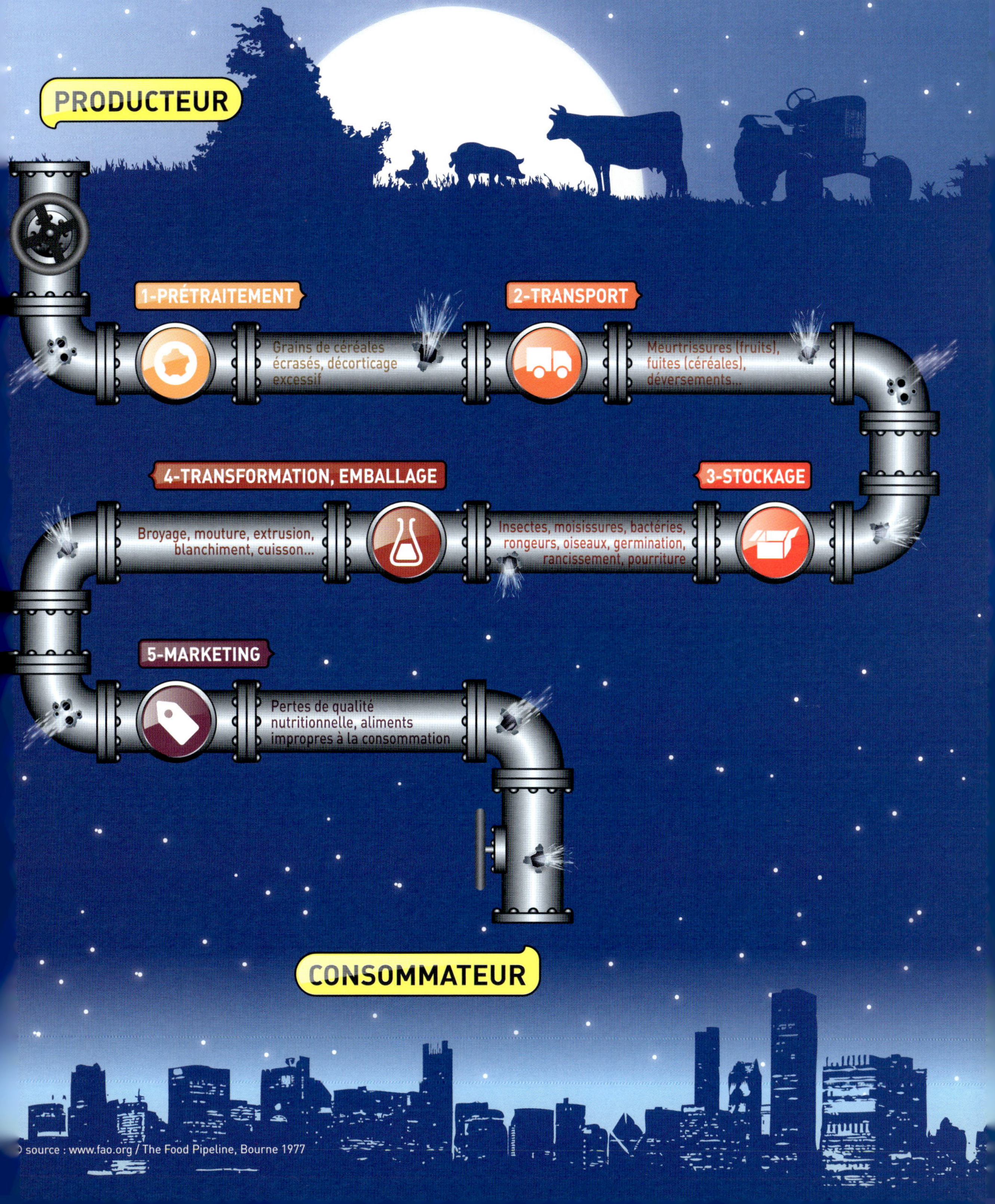

source : www.fao.org / The Food Pipeline, Bourne 1977

68 ¬ OBÉSITÉ & SOUS-ALIMENTATION

Les régions du monde concernées par l'obésité et/ou la sous-alimentation

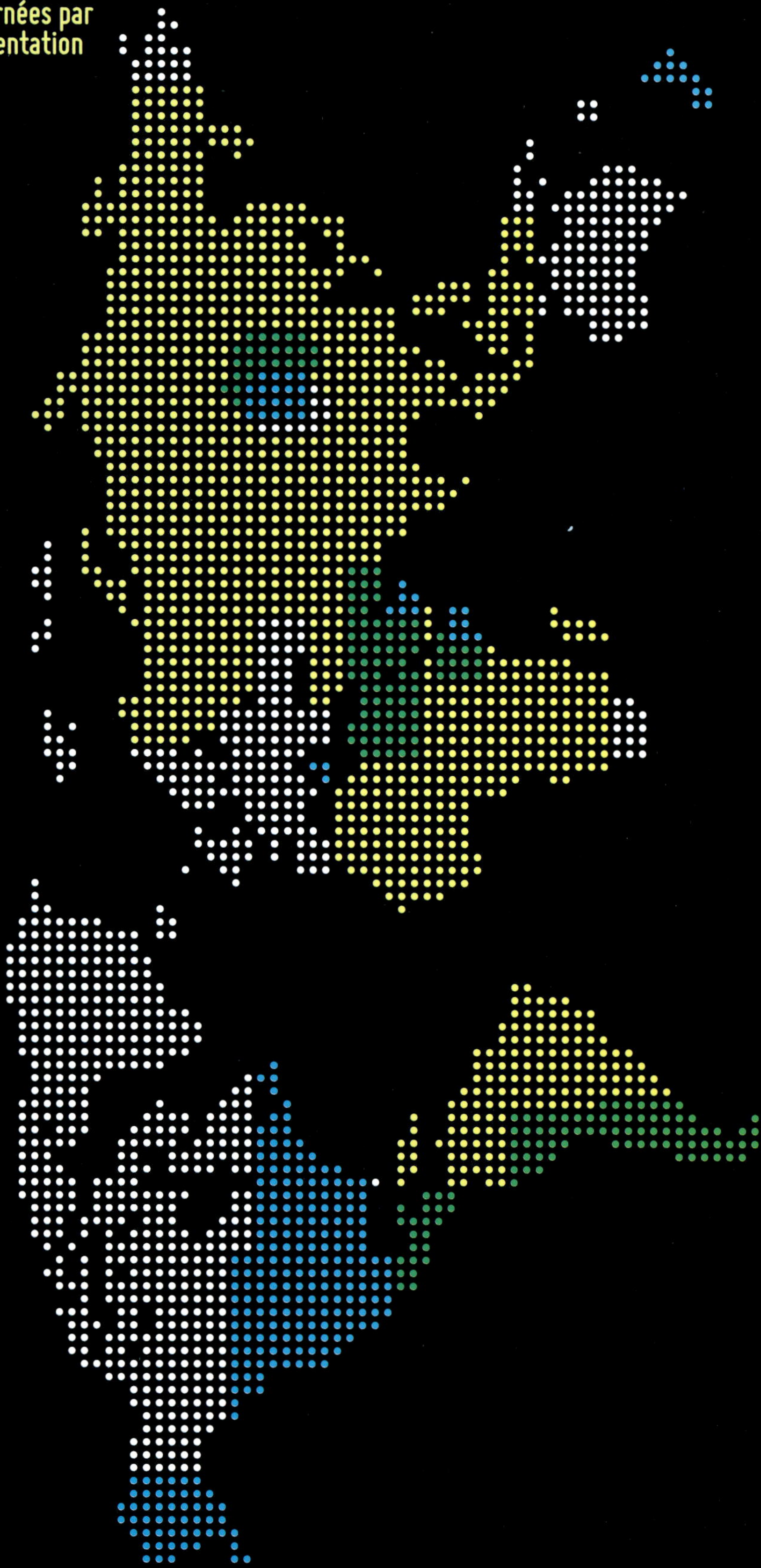

69 ¬ L'ŒUF ET LA POULE

En fonction du type d'élevage, une poule ne vit pas dans le même espace

Unité de mesure : surface en m²

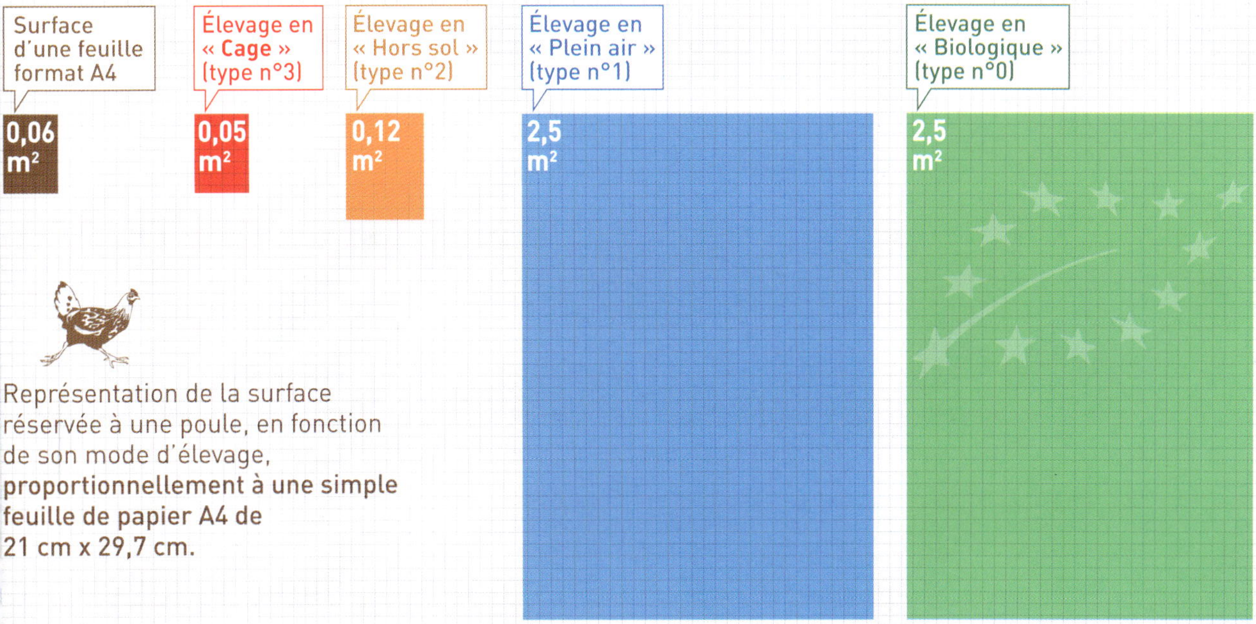

Représentation de la surface réservée à une poule, en fonction de son mode d'élevage, **proportionnellement à une simple feuille de papier A4 de** 21 cm x 29,7 cm.

Le mode d'élevage numéroté de 0 à 3 est inscrit sur la coquille de vos oeufs.

Norme en vigueur depuis 2004

Le **premier chiffre**, imprimé sur la coquille d'un oeuf, vous informe sur le mode d'élevage des poules pondeuses.

Contenu carbone du caddie moyen

Panel représentatif de 20 000 ménages en 2009

Pourcentage représentant le contenu carbone d'un panier :

- 35% Viandes
- 13% Articles de ménage à courte durée de vie (produits d'entretien, éponges...)
- 11% Produits laitiers, fromage et œufs
- 7% Fruits et légumes
- 7% Produits pour animaux domestiques
- 6% Appareils, articles, et produits de soins personnels
- 4% Pain et céréales (hors pain frais)
- 4% Eaux minérales, boissons gazeuses et jus
- 4% Boissons alcoolisées
- 4% Poissons et fruits de mer
- 2% Sucre et produits à base de sucre dont cacao
- 3% Autres

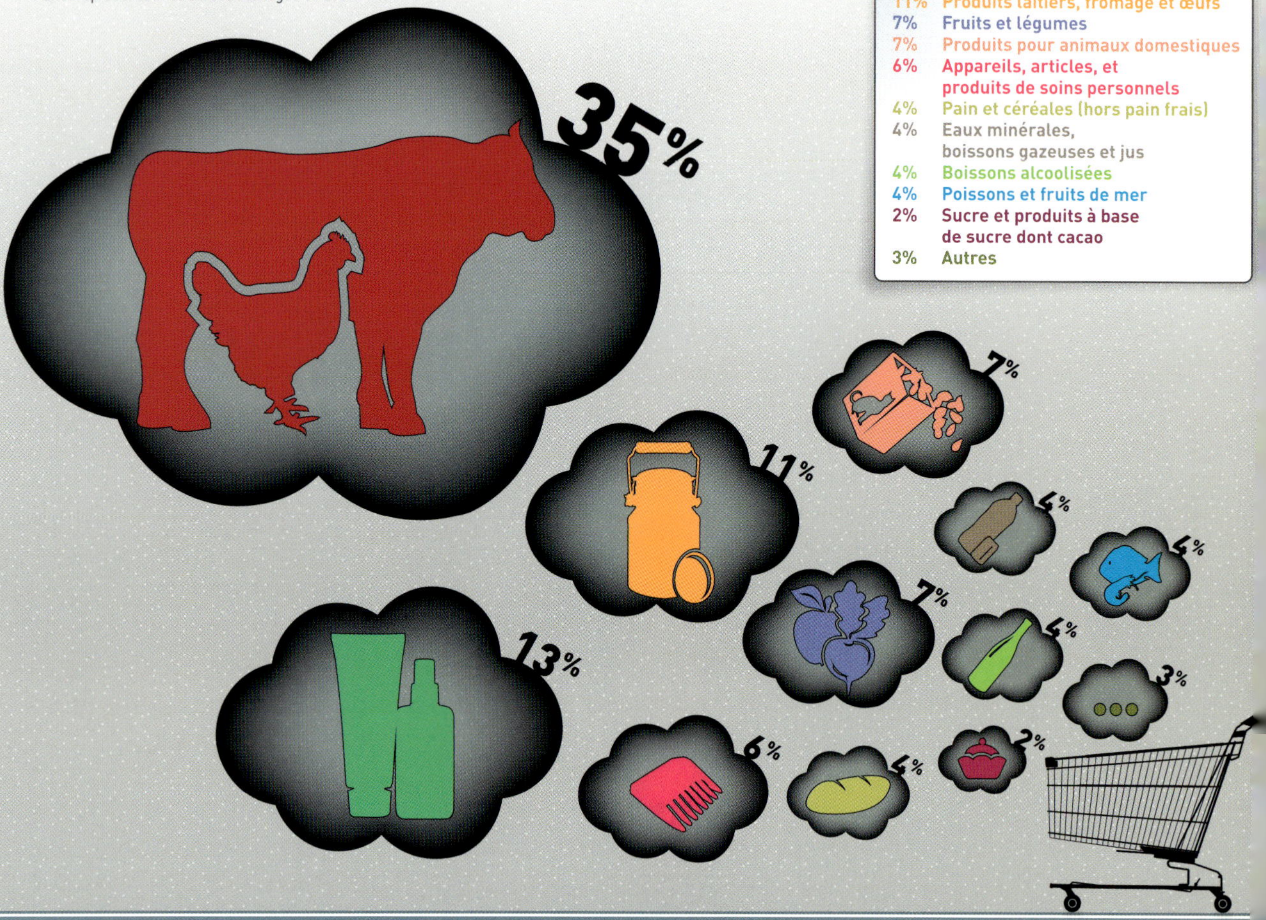

Contenu carbone des emballages.

Calcul sur un an pour une personne.

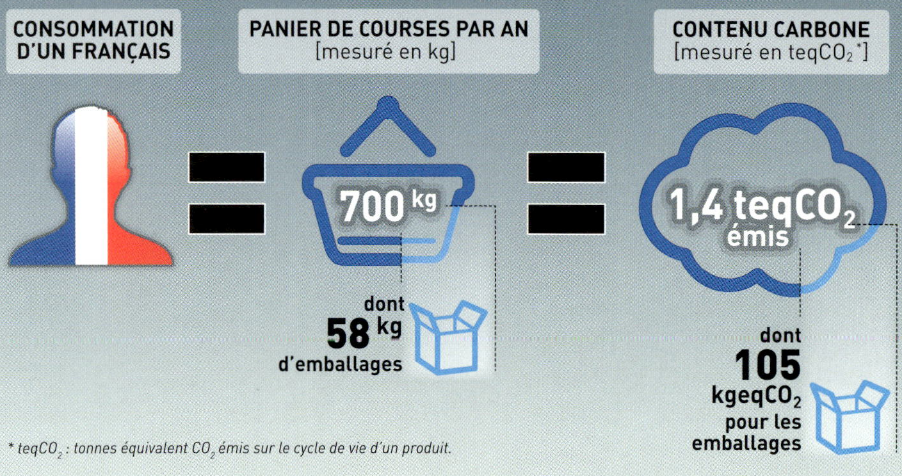

* teqCO_2 : tonnes équivalent CO_2 émis sur le cycle de vie d'un produit.

EN COMPARAISON
1 tonne de CO_2 c'est

1 aller-retour Paris/New-York
(1personne - 12 000 km)

ou

6 allers-retours Paris/Marseille
(1 personne)

ou

6200 km en voiture de petite cylindrée
(soit 160 g CO_2/km)

© source : Kantar Worldpanel/Greenext. Traitements : SOeS, 2011

71 ¬ CARTE D'IDENTITÉ DES PLASTIQUES

Pour mieux les connaître et les reconnaître

CODE DE RECYCLAGE	NOM	DANGEROSITÉ	COMPOSITION	EXEMPLES
7	POLYCARBONATE (AUTRES/PC)	Effets néfastes !	CONTIENT DU BISPHÉNOL A (RISQUE DE MIGRATION SURTOUT LORSQUE LE PLASTIQUE EST USÉ), EFFET NÉFASTE SUR LA FERTILITÉ ET LE DÉVELOPPEMENT FŒTAL, ACCROIT LE RISQUE DE CANCER DE LA PROSTATE ET DU SEIN.	**Exemples d'utilisation :** - Biberons. - Contenants alimentaires. - Bouteilles sport rigides - Revêtement des boîtes de conserve alimentaires. - Scellants dentaires. - Contenants d'eau (20 l) ...
6	POLYSTYRÈNE (PS)	Cancérogène, perturbateur hormonal !	CONTIENT DU STYRÈNE (RISQUE DE MIGRATION VERS LES ALIMENTS), CANCÉROGÈNE. CONTIENT DU P-NONYLPHÉNOL, PERTURBATEUR HORMONAL.	**Exemples d'utilisation :** - Emballages alimentaires. - Barquettes à champignons. - Tasses à café. - Vaisselle jetable. - Couverts de restauration rapide - Isolant thermique. - Plateaux d'aliments au supermarché. ...
5	POLYPROPYLÈNE (PP)	Peu ou pas toxique !		**Exemples d'utilisation :** - Bouteilles pour bébé. - Gobelet enfants. - Boîtes hermétiques. - Pailles. - Papier gras. - Emballage de yaourt, margarines, portions individuelles. - Plats à réchauffer. - Films micro-ondes, pâtes, chips, pain. ...
4	POLYÉTHYLÈNE BASSE DENSITÉ (PEBD)	Peu ou pas toxique !		**Exemples d'utilisation :** - Films plastiques. - Sachets. - Sacs poubelles. - Récipients souples (gouttes pour les yeux, le nez...). - Tubes souples (crèmes...) ...
3	POLYCHLORURE DE VINYLE (PVC)	Effets néfastes !	CONTIENT DES PHTALATES (RISQUE DE MIGRATION) EFFETS NÉFASTES SUR LA FERTILITÉ ET LE DÉVELOPPEMENT FŒTAL. CONTIENT DU CADMIUM, UN MÉTAL LOURD, TOXIQUE POUR LE REIN.	**Exemples d'utilisation :** - Emballages plastiques. - Films souples. - Bouteilles d'eau minérale plate ou légèrement gazeuse, vinaigres, huiles, cosmétiques, médicaments). - Poupées Barbie™. - Jouets souples. - Certaines bouteilles alimentaires compressibles. ...
2	POLYÉTHYLÈNE HAUTE DENSITÉ (PEHD)	Peu ou pas toxique !		**Exemples d'utilisation :** - Bouteilles de lait, javellisants, détersifs. - Jouets en plastique. - Verres en plastique. - Flacons cosmétiques. - Flacons shampoing. - Flacons assouplis-sants. ...
1	POLYÉTHYLÈNE TÉRÉPHTALATE (PET)	Cancérogène possible !	CONTIENT DU TRIOXYDE D'ANTIMOINE ET DE L'ACÉTALDÉHYDE (RISQUE DE MIGRATION), CANCÉROGÈNES POSSIBLES. PLUS LE TEMPS D'ENTREPOSAGE DES BOUTEILLES D'EAU EST LONG, PLUS CES SUBSTANCES MIGRENT.	**Exemples d'utilisation :** - Bouteilles d'eau. - Jus de fruits. - Boissons gazeuses. - Contenants à médicaments, vinaigrettes, huiles, beurre d'arachide. - Intérieur des boîtes de céréales. - Emballage pour faire bouillir dans l'eau. - Contenants pour micro-ondes. ...

© sources : www.inise.ca (guide pratique sur les plastiques) & http://atctoxicologie.free.fr

72 ¬ AGRICULTURE INTENSIVE vs AGRICULTURE BIO

Deux visions de l'agriculture

	AGRICULTURE CONVENTIONNELLE	AGRICULTURE BIOLOGIQUE
CYCLES	Interruption des cycles naturels	Fermeture des cycles naturels*
FERTILITÉ	Fertilisants chimiques de synthèse	Fertilisants biologiques ou minéraux*
FAUNE	Traitements phytosanitaires chimiques	Traitements biologiques adaptés
GRAINES	Majoritairement graines hybrides achetées	Majoritairement graines locales échangées
MÉTHODOLOGIE	Systèmes de production standardisés	Systèmes de production adaptés*
ACTIVITÉ	Séparation de l'agriculture et de l'élevage	Intégration de l'agriculture et de l'élevage
COÛTS	Investissement lourd	Économie sur les coûts de production et l'investissement
CULTURE	Spécialisation et monoculture	Diversification et rotation des cultures
ÉNERGIE	Grande dépendance au pétrole	Sources diversifiées et renouvelables
PRODUCTION	Exploitations à grande échelle, agriculteurs peu nombreux	Exploitations familiales, agriculteurs nombreux

* (Cycles) en restituant au sol les éléments nutritifs présents dans les déchets.

* (Fertilité) épandage de compost par exemple.

* (Méthodologie) aux conditions locales.

© source : www.cprac.org

73 ¬ LES INÉGALITÉS MONDIALES

Et si le monde était un village de 100 personnes, il y aurait...

SEXE

48 hommes
52 femmes

NOURRITURE

20 malnutris
15 obèses
1 mourant de faim

ÂGE

70 adultes
30 enfants
7 vieux

ÉNERGIE

80 en consomment 20%
20 en consomment 80%

LIEU

53 villageois
47 banlieusards

RICHESSE

74 en possèdent 39%
20 en possèdent 2%
6 en possèdent 59%

EAU

20 auraient accès à l'eau potable

et au bout d'un AN...

2 naissent
1 meurt

© source : d'après Ikeda Kayoko, *Si le monde était un village de 100 personnes*. Éd. Picquier Jeunesse.

74 ¬ DU POISSON DURABLE DANS MON ASSIETTE

Guide conso-citoyen du poisson et des fruits de mer

À ÉVITER

- BAUDROIE (Lotte) Atlantique
- CABILLAUD Atlantique
- ÉGLEFIN [élevage] Atlantique
- ESPADON
- LOUP mer, Atlantique N.E.
- REQUIN
- SÉBASTE Atlantique
- THON OBÈSE
- TURBOT mer du Nord
- BAR COMMUN sauvage
- CARRELET mer du Nord, Atlantique
- CREVETTE Tropiques
- EMPEREUR
- FLÉTAN Atlantique
- RAIE
- SAUMON Atlantique (Écosse, Norvège)
- SOLE Atlantique
- THON ROUGE

EXCEPTIONNELLEMENT

- BAUDROIE (Lotte) Islande
- CRABE Atlantique
- DORADE Méditerranée
- FLÉTAN [élevage] Europe
- MERLU du Cap Afrique du Sud
- SAUMON Pacifique N.O. (Russie, Chine)
- SOLE TROPICALE
- ANCHOIS Atlantique
- CABILLAUD Pacifique
- CREVETTE [élevage]
- ÉGLEFIN mer du Nord, Islande
- MERLAN Atlantique
- ROUGET BARBET Médtierranée
- SAUMON [élevage] Chili

AVEC MODÉRATION

- CABILLAUD Islande
- CREVETTE Atlantique
- LIEU JAUNE Alaska
- LOUP mer, Islande
- MERLAN mer du Nord
- SAUMON Pacifique NE (États-Unis, Canada)
- SOLE COMMUNE Manche
- TURBOT [élevage] Europe
- BAR COMMUN [élevage]
- CRABE mer du Nord
- FLÉTAN Pacifique
- LIMANDE mer du Nord
- MAQUEREAU Atlantique N.E.
- MERLU Atlantique
- SÉBASTE Islande
- THON ALBACORE

À PRIVILÉGIER

- CREVETTE GRISE du Nord
- HARENG mer du Nord, Atlantique
- MERLU du Cap, Atlantique
- ROUGET BARBET Atlantique
- SARDINE Atlantique
- BAR de ligne
- DORADE ROYALE [élevage] Europe
- LIEU NOIR mer du Nord, Atlantique
- MOULE [élevage] Europe
- ROUGET DE ROCHE mer du Nord
- THON BLANC (Germon)

Ce tableau prend en compte l'état des stocks ainsi que la distance d'approvisionnement.

© source : Collectif, *Le guide de l'écologie*, Éd. Minerva, 2010.

CONSO

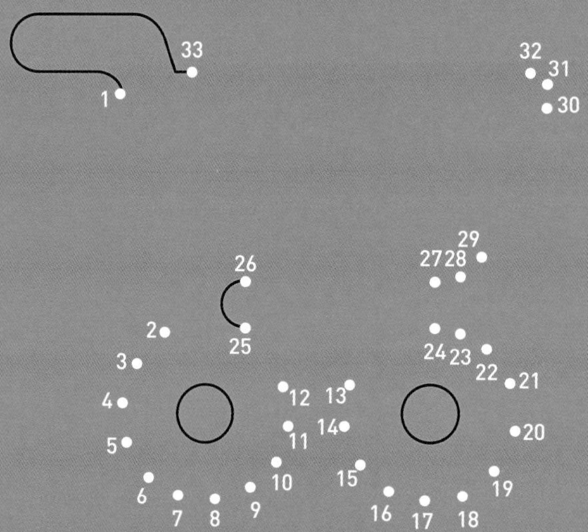

Préface de
Marie-Jeanne Husset

Pour le consommateur d'aujourd'hui, bien manger, c'est manger sûr, manger sain, manger bon. À ces trois piliers qui définissent la qualité alimentaire s'ajoutent de plus en plus ce que l'on pourrait appeler la qualité écologique et la qualité sociale, c'est-à-dire l'impact de notre alimentation sur l'environnement d'un côté et de l'autre ses conséquences sur les petits producteurs du Sud comme du Nord. Une rude tâche incombe donc au consommateur actuel qui doit parvenir, avec toutes ces contraintes, à choisir le meilleur rapport qualité-prix : autrement dit bien se nourrir à un prix abordable, en tenant compte de son pouvoir d'achat en berne en ces temps de crise. Le mérite d'un tel ouvrage est de l'y aider de façon simple et ludique en lui rendant accessibles des informations multiples. Et par là même de le sensibiliser à la nécessité, pour sa santé, son bien-être et son porte-monnaie, de consommer autrement.

Marie-Jeanne Husset
Journaliste,
directrice du magazine
"60 Millions de consommateurs"

78 ¬ LES COMMERCES ALIMENTAIRES

© Source : INSEE. Enquête annuelle d'entreprise dans le commerce (exercice 2006) // n.s. = non significatif

Classement des 30 marques alimentaires auxquelles les Français sont le plus attachés

Les personnes sondées ne devaient pas seulement citer une marque mais indiquer si elles avaient acheté un produit et/ou si elles étaient en mesure de citer une caractéristique de la marque.

01 Coca-Cola
02 Danone
03 Häagen-Dazs
04 Blédina
05 Carte Noire
06 Côte d'Or
07 Gourmet
08 Carte d'Or
09 Desperados
10 Lavazza
11 Kellogg's
12 Barilla
13 Whiskas
14 Evian
15 Cesar
16 Sunny Delight
17 Ricard
18 Kronenbourg
19 Chivas Regal
20 Lindt
21 Nestlé
22 Guinness
23 Weight Watchers
24 Leffe
25 Sheba
26 Perrier
27 Volvic
28 Pedigree
29 Yoplait
30 La Laitière

- Aliments/boissons sucrés
- Aliments/boissons pour bébé
- Aliments pour animaux
- Aliments de base
- Cafés & Thés
- Aliments de régime
- Eaux
- Alcools

Tous les logotypes représentés appartiennent aux marques respectives.

source : Admirabledesign.com (Gérard Caron) - 2003 > extrait d'un article de *La Tribune*

80 – L'ÉTIQUETAGE DES DENRÉES ALIMENTAIRES

Les mentions obligatoires et les allégations qualitatives réglementées, sur les produits préemballés, en France

Une étiquette doit observer deux règles :
1) Afficher des renseignements objectifs et écrits, au moins, en français.
2) Afficher un étiquetage loyal, sans aucune info pouvant induire en erreur.

Une étiquette doit obligatoirement contenir les mentions suivantes :

	Mention
Exemple : *Confiture extra de framboise.*	DÉNOMINATION
Pays, département ou commune.	ORIGINE
Tous indiqués par ordre d'importance décroissante.	INGRÉDIENTS
La quantité d'ingrédients mis en valeur (ex. pizza au jambon)	QUANTITÉ
En volume ou masse, mais toujours net ou net égoutté.	POIDS NET
Pour les denrées périssables : DLC ou DLUO *	DATE DE CONSO
Nom, adresse ou coordonnées du centre d'emballage.	ID. FABRICANT
Indispensable pour les denrées réclamant une traçabilité.	NUMÉRO LOT
Selon les produits. *Ex. : à conserver au sec.*	MODE D'EMPLOI
Estampille sanitaire pour les denrées d'origine animale.	INFO SALUBRITÉ

Les allégations qualitatives sont réglementées et signifient :

Allégation	
BIOLOGIQUE	Produit issu de l'Agriculture Biologique, certifié par un organisme de contrôle
PUR	Terme utilisable pour certains produits (pur jus, pur porc).
CAMPAGNE ou FERMIER ou PAYSAN	La mention "fermier" informe sur le type d'exploitation, et non sur le savoir-faire
ARTISANAL	Fabriqué par un artisan, inscrit au registre des métiers.
MAISON	Préparé de manière non industrielle, sur le lieu de vente.
À L'ANCIENNE	ou « Traditionnel » : si produits fabriqués selon usages anciens répertoriés et sans additifs.
NATUREL	Produit non transformé, non traité, à l'état naturel.
DU TERROIR	Utilisation de matières premières issues d'une aire géographique restreinte.

Les ventes de denrées non préemballées, vendues en vrac sont soumises à une autre législation.

© source : www.economie.gouv.fr/dgccrf // * DLC : Date Limite de Consommation – DLUO : Date Limite d'utilisation Optimale

81 ¬ LA FABRICATION D'UNE HUILE

Étapes de la fabrication d'une huile standard, raffinée et d'une huile bio, vierge

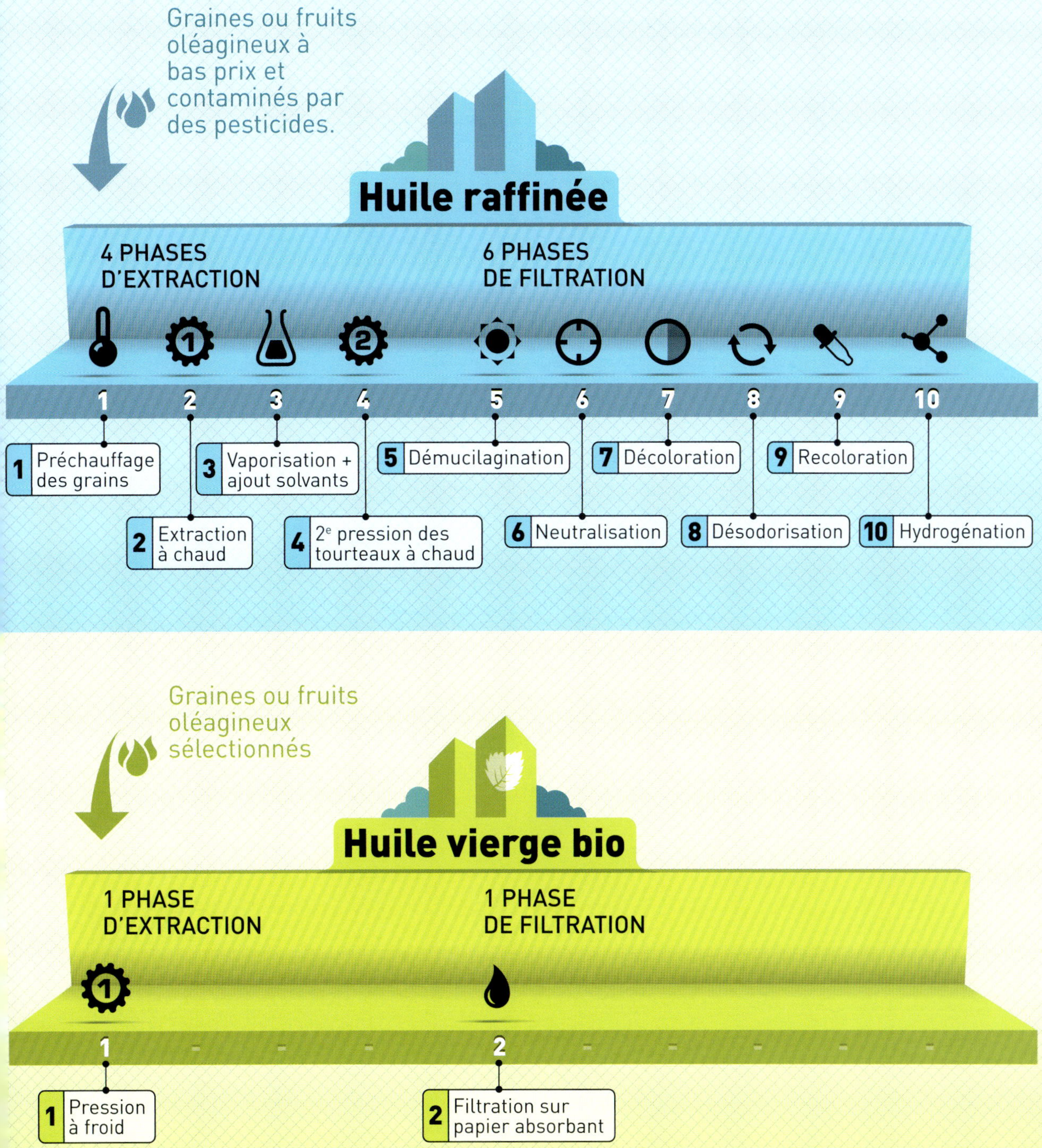

© source : Dossier : *Huiles et condiments bio.* Biolinéaires n°34 : 43

82 ¬ LA FABRICATION DE LA FARINE

Broyage sur meule ou broyage sur cylindre ?

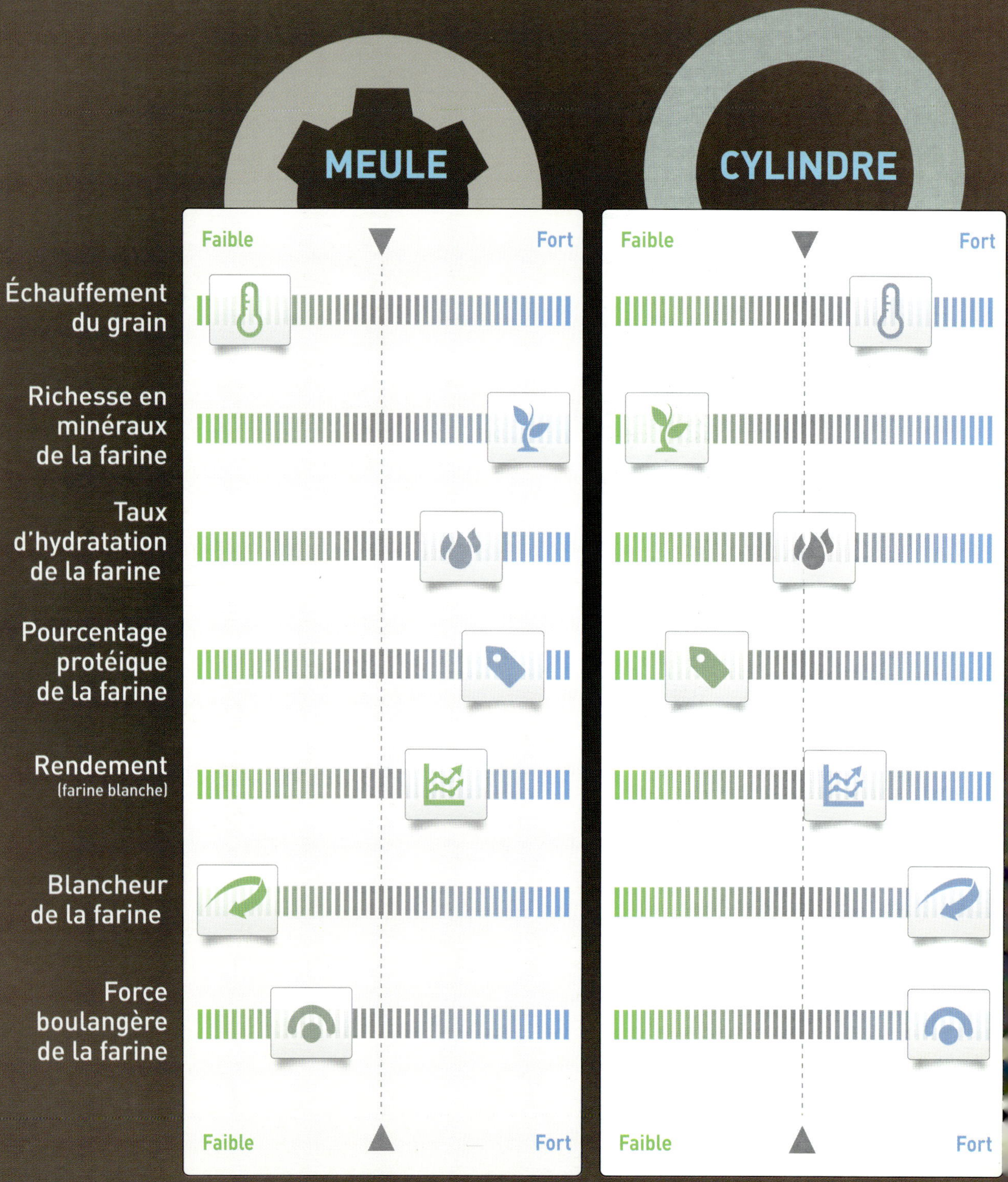

83 ¬ LES DIFFÉRENTS THÉS

LIRE AUSSI LES PAGES **10** & **38**

Un seul arbre et des thés de toutes les couleurs…

Le thé, vient d'un seul et même arbre, le « Camellia sinensis » qui signifie le camélia chinois. **L'étymologie** du mot thé vient du chinois mandarin « tcha » ou du japonais « tsyeo ».

Flétrissage
ⓐ *pour déshumidification.*
ⓑ *pour fermentation rapide.*

Roulage
ⓐ *pour encourager l'oxydation.*
ⓑ *pour apporter une forme.*

Oxydation
favorisée par le roulage.

Séchage
pour stopper l'oxydation

Torréfaction
pour stopper l'oxydation.

Sudation
pour assombrir les arômes.

Fumage
à l'épicea.

Triage
pour classer par grade.

L'oxydation, la fermentation et la torréfaction vont développer les arômes.

Un seul arbre et des thés de différents « grades »

Ces informations ne concernent que les thés à feuilles entières.

Orange Pekoe ?
Orange signifie « royal », dans la dynastie néerlandaise Oranje-Nassau.
Pekoe (Pak-ho) signifie « duvet », en chinois.

F.O.P. — **Flowery Orange Pekoe**
Deux feuilles + bourgeon du haut de la branche.

O.P. — **Orange Pekoe**
Feuilles jeunes. Récolte plus tardive.

P. — **Pekoe**
Feuilles plus épaisses, courtes et sans bourgeon.

S. — **Souchong**
Feuilles du bas de la branche.

© sources : «*Le guide des théophiles*» & Carine Baudry, aromaticienne, directrice de l'École du Thé, le Palais des Thés.

84 ¬ IMPLANTATION DES SUPER & HYPERMARCHÉS

Les grandes surfaces ouvertes, en France, entre 1957 et 2000

Unité de mesure : nombre de grandes surfaces

Supermarchés {Surfaces de 400 à 2500 m²}

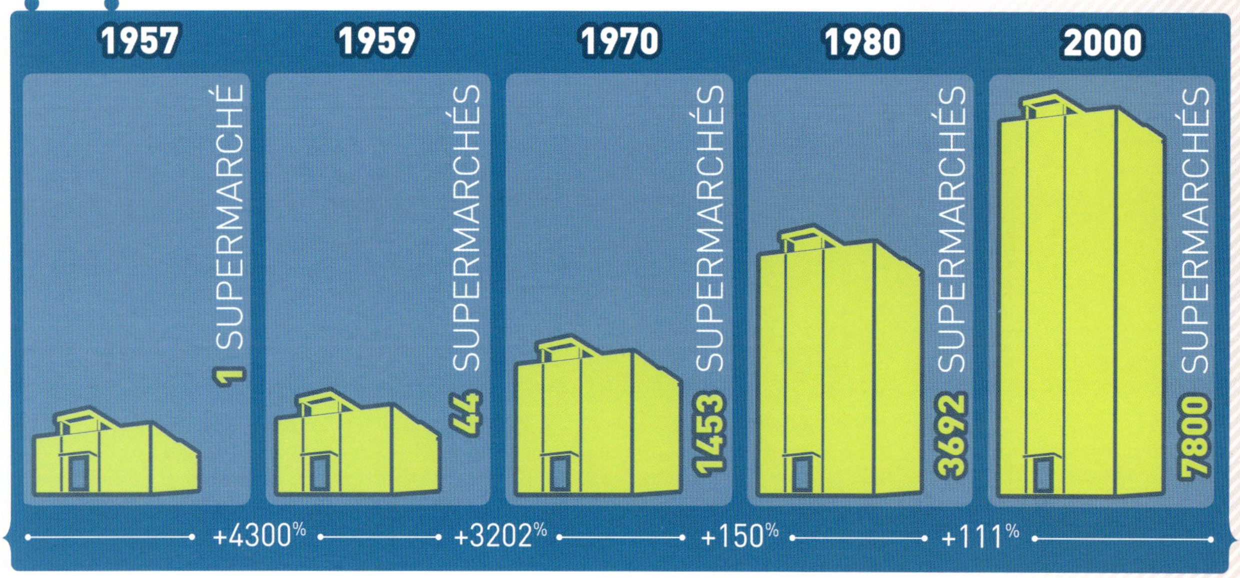

Hypermarchés {Surfaces supérieures à 2500 m²}

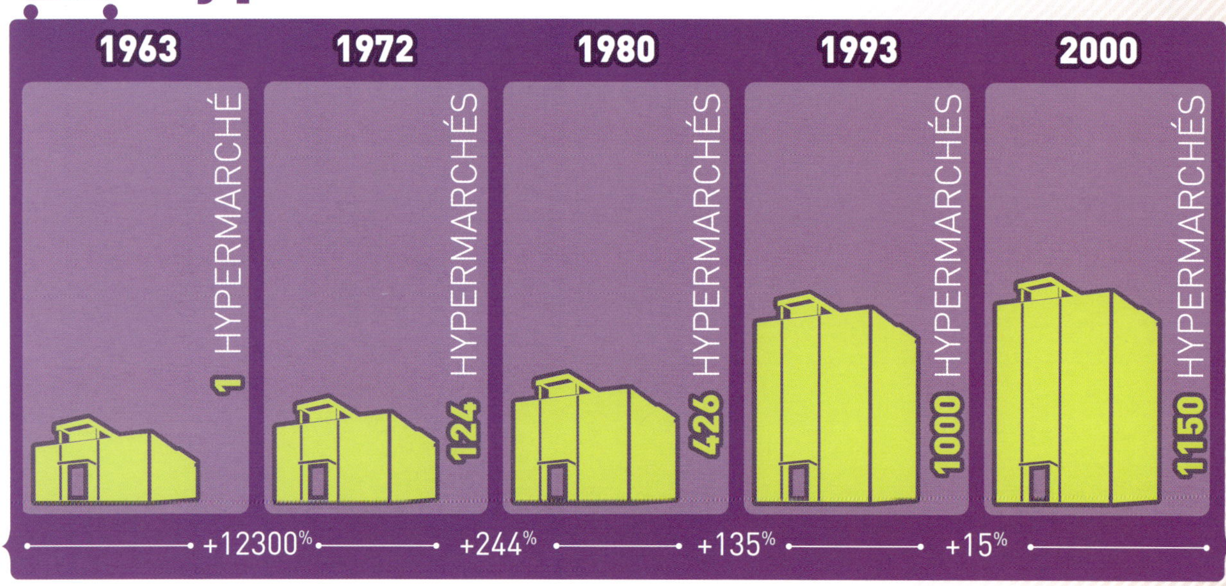

© source : Michèle Ologoudou. *Le rôle de l'éducation dans l'alimentation*, NOR : C.E.S. X000030401V.
Étude du Conseil économique et social présentée au nom de la section de l'agriculture et de l'alimentation, page 8

85 ¬ LA CONSOMMATION DE SUCRE

Évolution de la consommation de sucre en deux siècles

Unité de mesure : kg de sucre/habitant/an

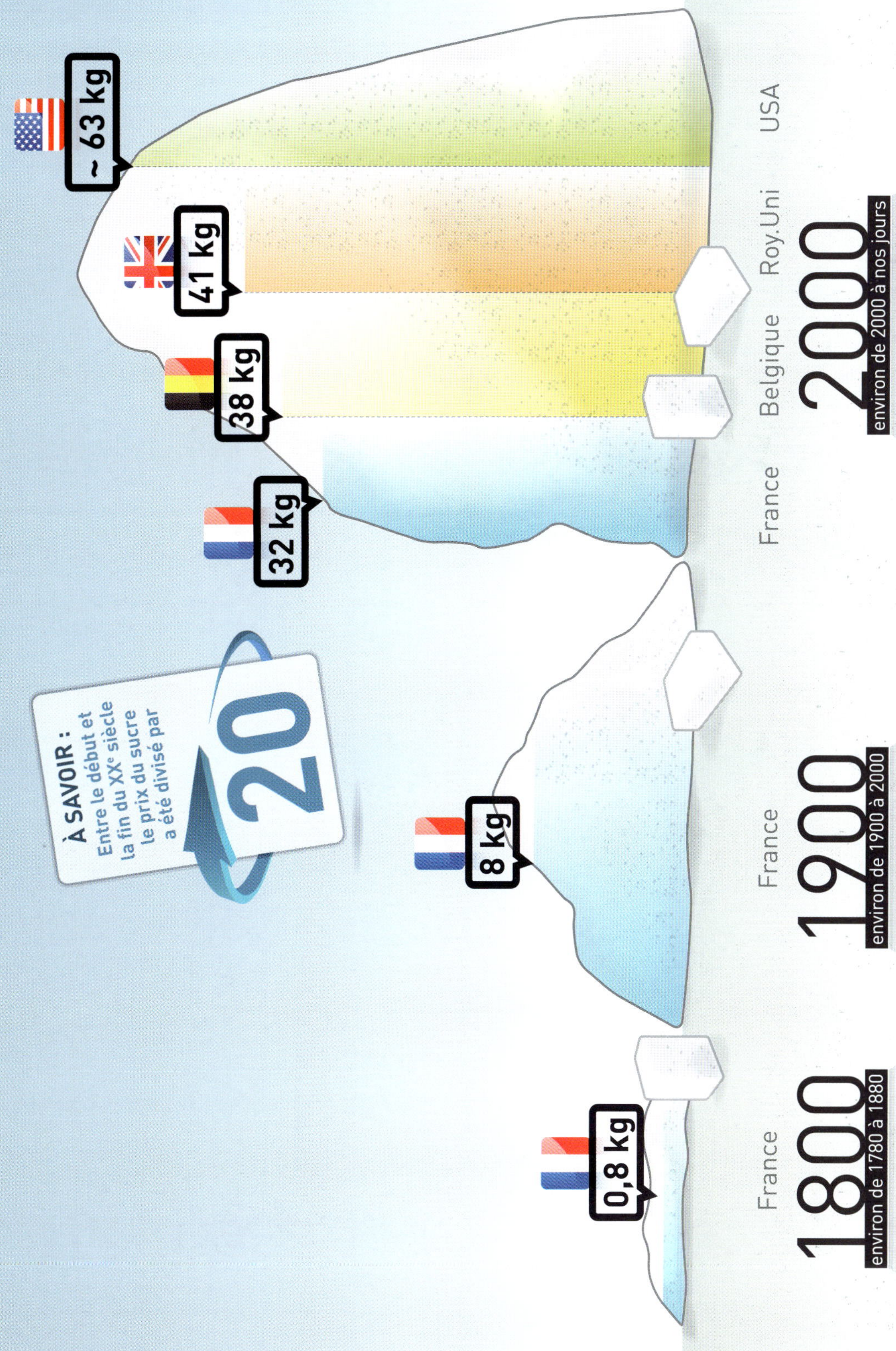

© source : Jean-Yves Le Guennec, professeur d'université, département biologie, mécanismes du vivant, Montpellier 2 / Thomas Picketty *"Évolution des hauts revenus au 20e siècle"*

86 ¬ LA CONSOMMATION DE CHOCOLAT

Les pays les plus gros consommateurs de chocolat

Unité de mesure : kg /habitant / an

Les prédilections de certains pays :

Suisse	Tablettes.
Autriche	Nappage, glaçage.
Belgique	Bouchées, pralines.
Roy.-Uni	Muffins au chocolat.

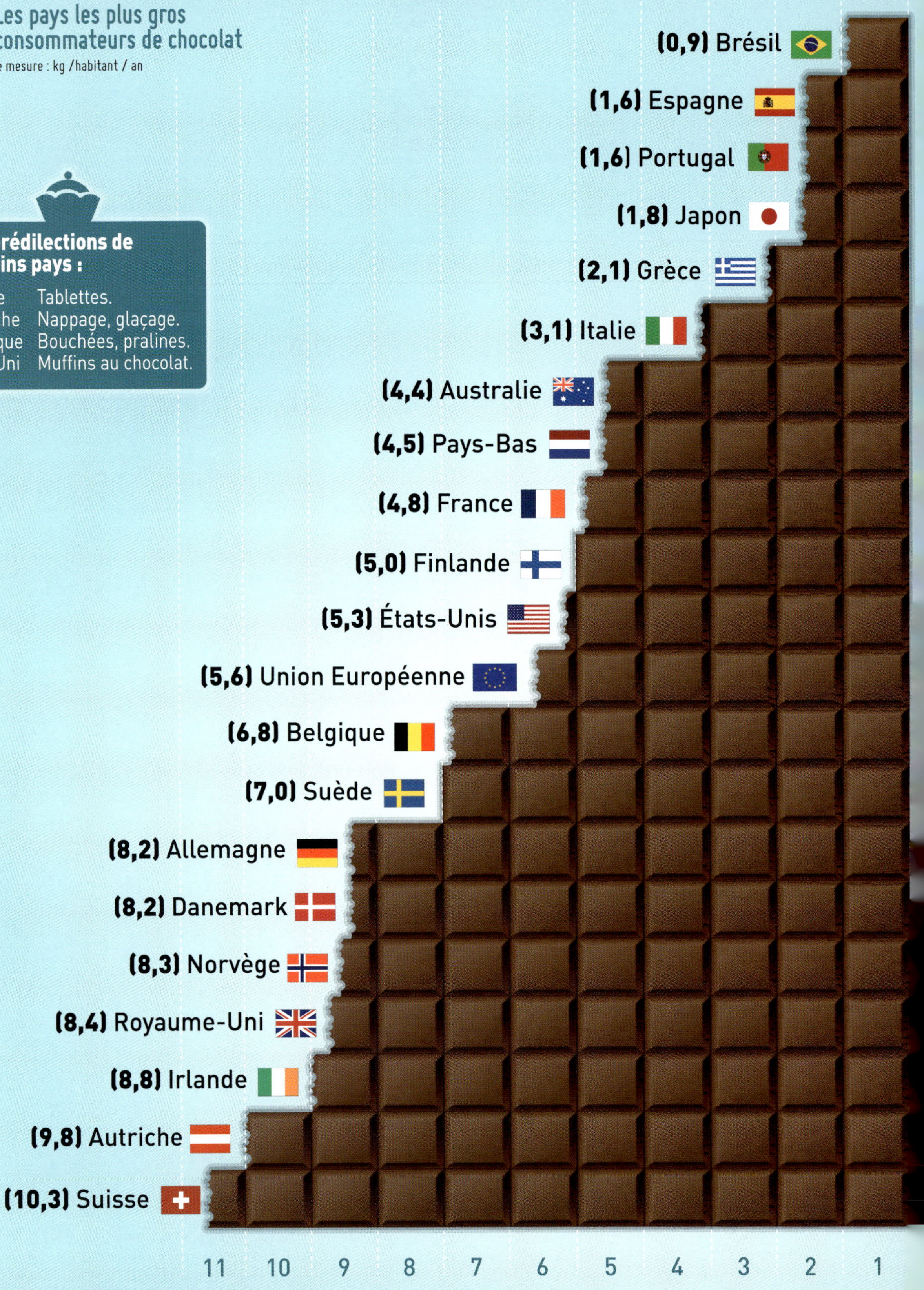

© source : Gilles Fumey et Olivier Etcheverria, *Atlas mondial des cuisines et gastronomies*. Éd. Autrement 2004.

87 ¬ LA CONSOMMATION DE PÂTES

Les pays les plus gros consommateurs de pâtes

Unité de mesure : kg /habitant /an

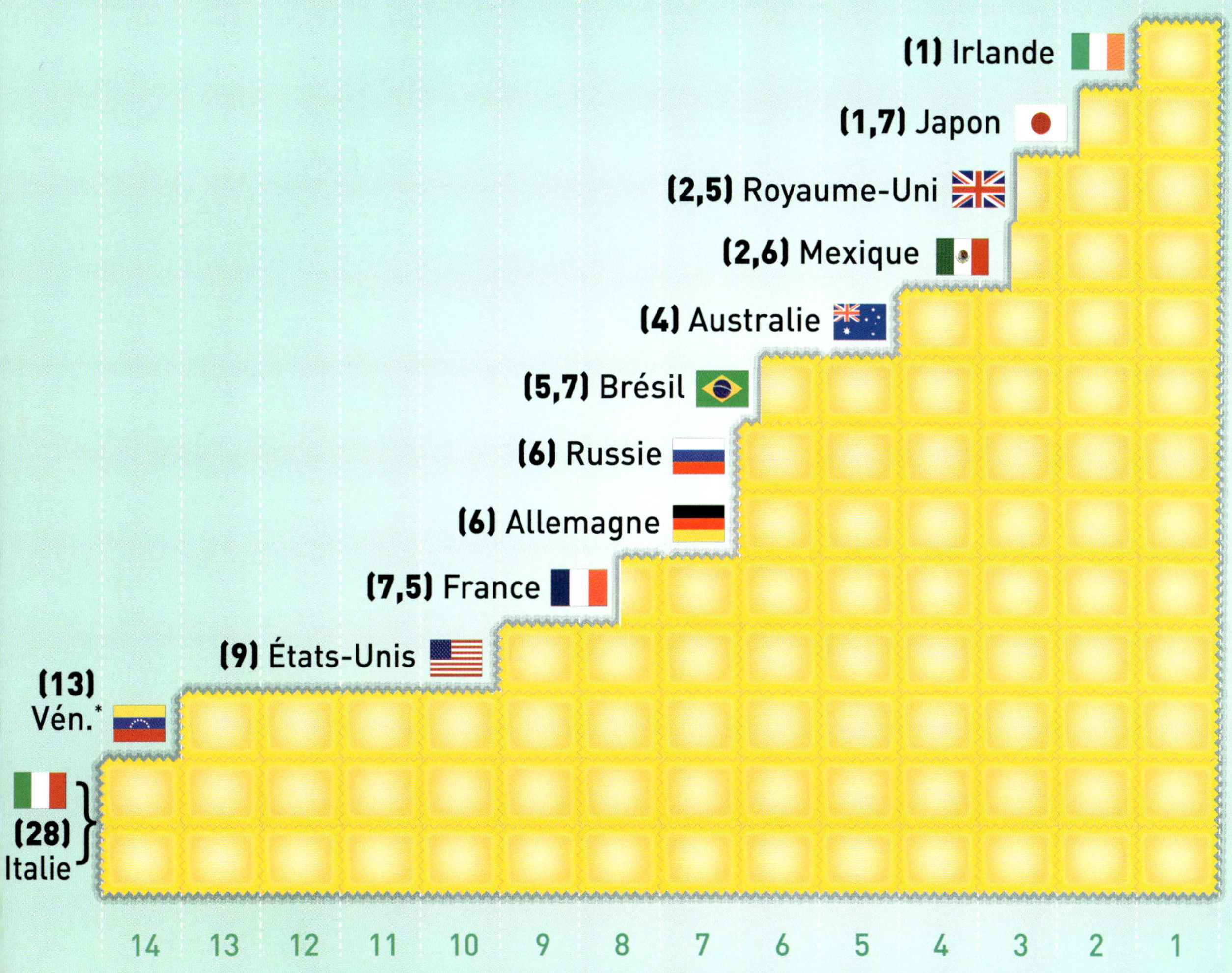

La cuisson des pâtes. Respectez la règle des trois chiffres.

* Si vous surveillez votre consommation de sel, ne mettez que 7 grammes de sel.

© sources : Gilles Fumey et Olivier Etcheverria, *Atlas mondial des cuisines et gastronomies.* Éd. Autrement 2004. // * Abréviation de « Vén. » : Venezuela

88 ¬ LA CONSOMMATION DE CAFÉ

Les pays les plus gros consommateurs de café

Unité de mesure : kg / habitant / an (données de 2002)

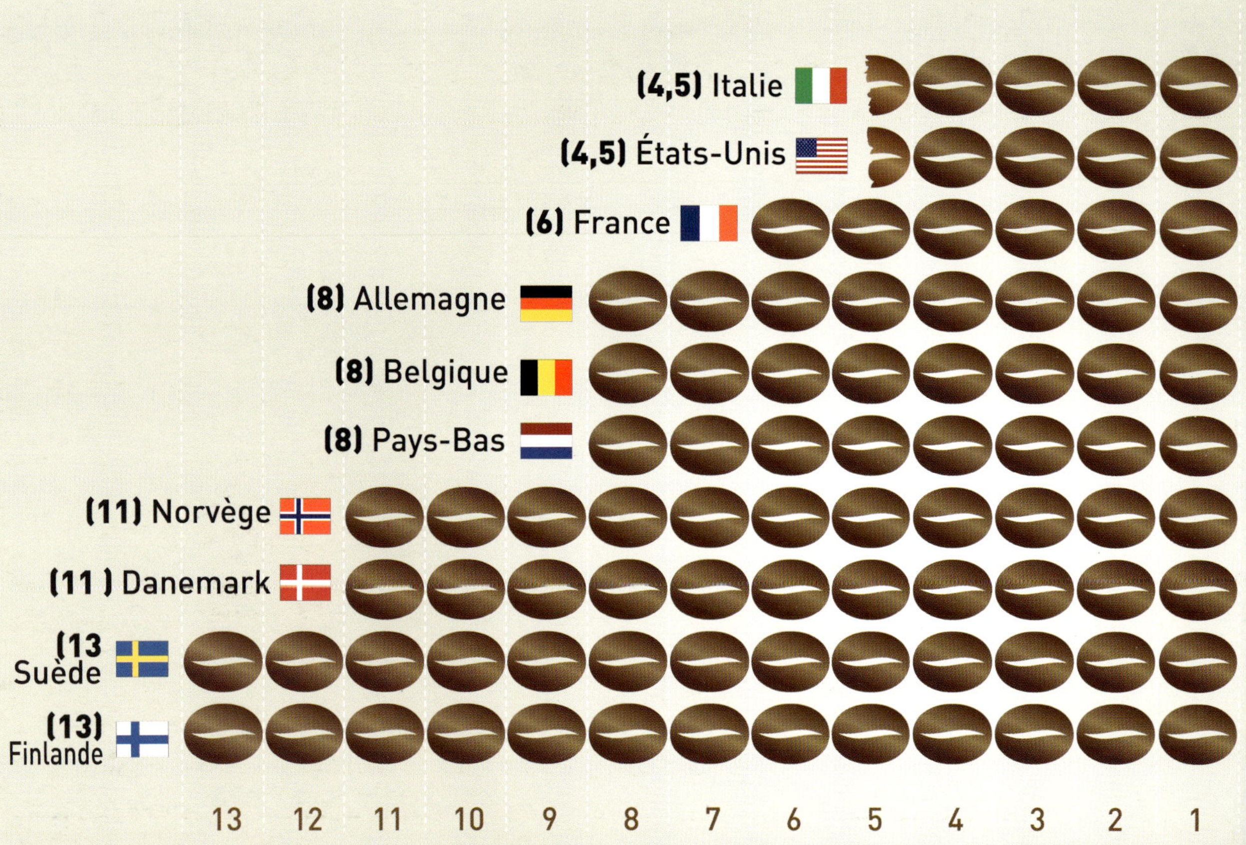

Les teneurs en caféine

Unité de mesure : mg

Café filtre	Café infusé	Café percolateur	Café soluble instantané	Café expresso	Boisson type Cola	Boisson Cola Light	Thé	Chocolat cuisson
189 mg	142 mg	124 mg	80/112 mg	89 mg	33/43 mg	36/46 mg	30/50 mg	90/200 mg
1 tasse [250 ml]	1 tasse [250 ml]	1 tasse [250 ml]	1 tasse [250 ml]	1/5 de tasse [50 ml]	1 canette [330 ml]	1 canette [330 ml]	1 tasse [250 ml]	100 g

© sources : Gilles Fumey et Olivier Etcheverria, *Atlas mondial des cuisines et gastronomies*. Éd. Autrement 2004.
D'après Santé Canada. Aliments et nutrition. *La caféine et votre santé*, 2012. www.hc-sc.gc.ca

89 ¬ LA CONSOMMATION DE FRUITS ET LÉGUMES

Évolution des achats de fruits et légumes frais par les ménages français

Unité de mesure : pourcentage (Évolution entre 2010 et 2011)

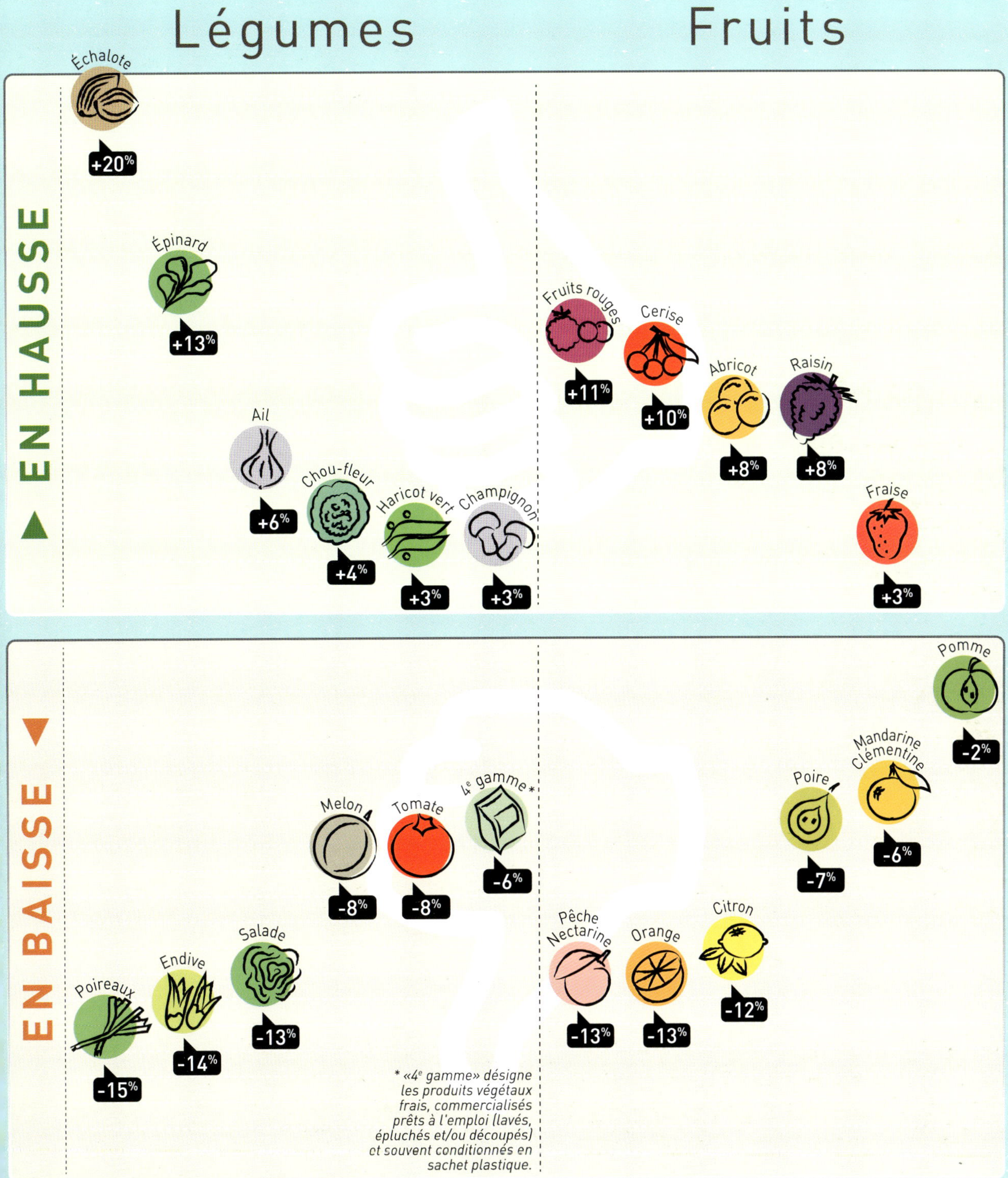

* «4e gamme» désigne les produits végétaux frais, commercialisés prêts à l'emploi (lavés, épluchés et/ou découpés) et souvent conditionnés en sachet plastique.

© source : Bulletin d'information *Achats de fruits et légumes frais par les ménages français en 2011*. Ctifl, Interfel, France Agrimer. www.fruits-et-legumes.net

90 ¬ LE POURCENTAGE OBLIGATOIRE D'INGRÉDIENTS

Pour pouvoir prétendre à une allégation, la législation impose un pourcentage minimum

Unité de mesure : pourcentage

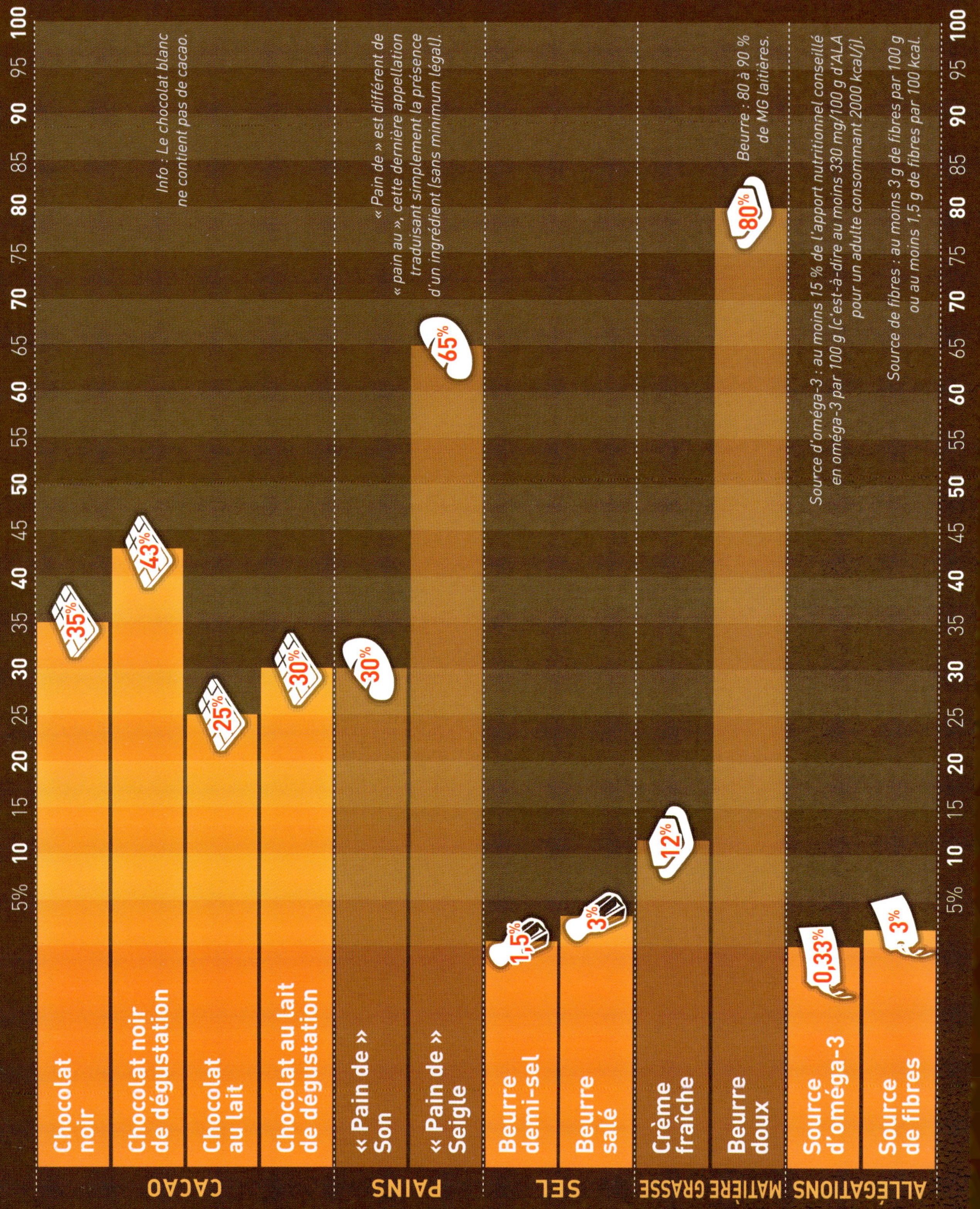

© sources : Stéfane Guilbaud : *Non aux oranges carrées*. Éd. Trédaniel & Collectif : *Bon choix au supermarché*, Thierry Souccar Éditions

91 ¬ LE POURCENTAGE OBLIGATOIRE DE FRUITS

Pour pouvoir prétendre à l'allégation « aux fruits », la législation impose un pourcentage minimum en fruits

Unité de mesure : pourcentage

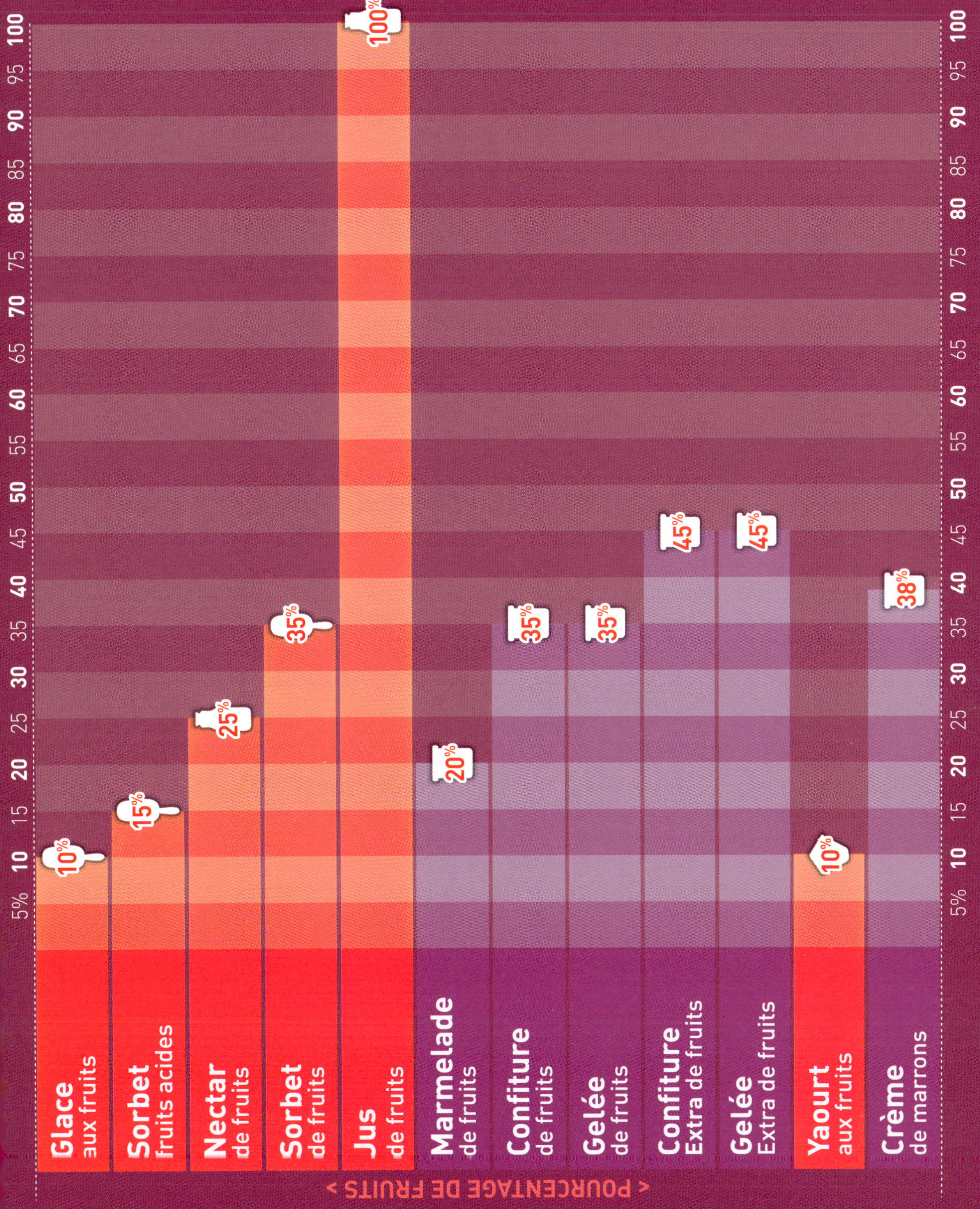

© sources : Stéfane Guilbaud : *Non aux oranges carrées*. Éd. Trédaniel & Collectif : *Bon choix au supermarché*, Thierry Souccar Éditions

92 ¬ LES DIFFÉRENTS FROMAGES

Comment avec un seul ingrédient, le lait, peut-on fabriquer autant de fromages ?

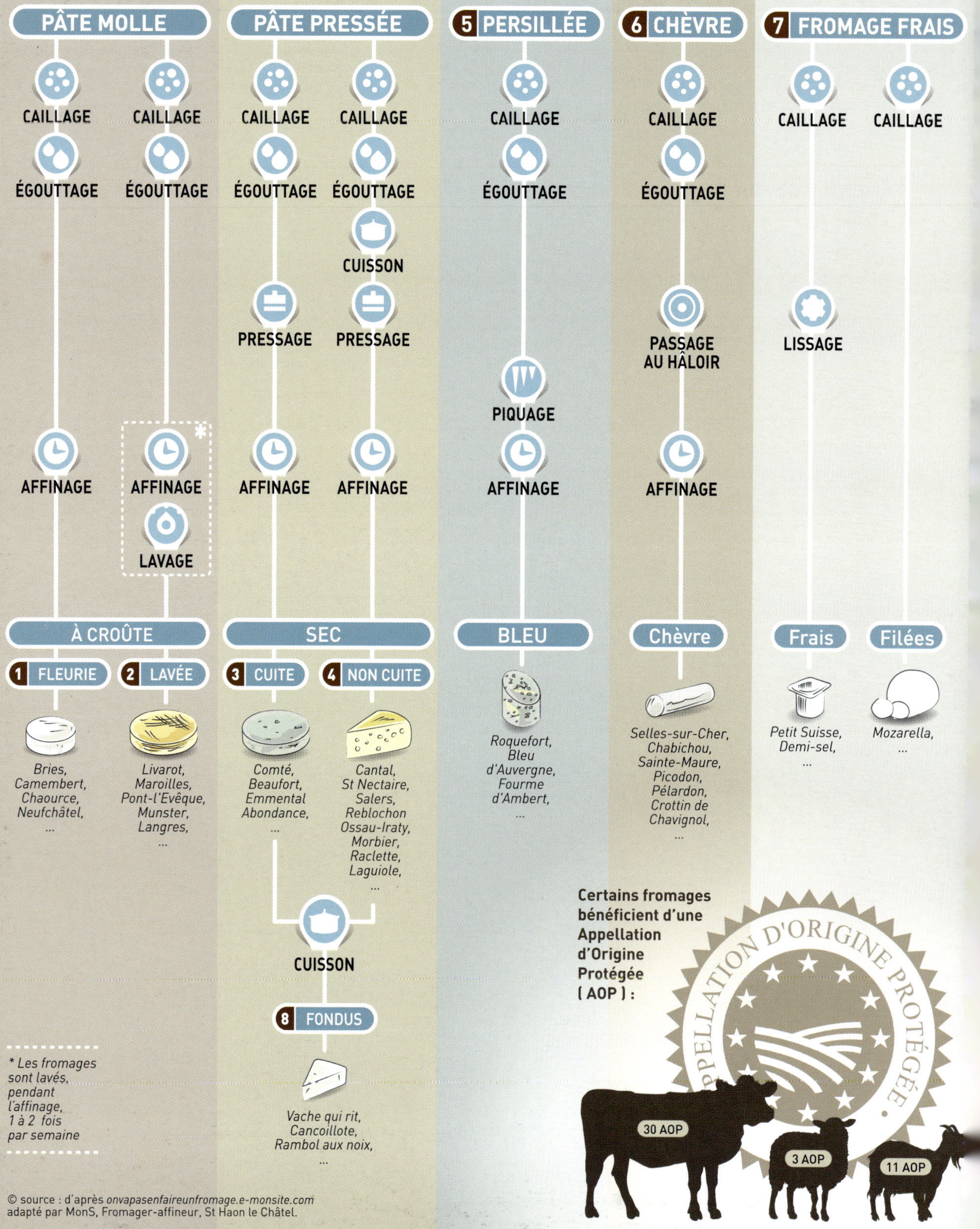

© source : d'après *onvapasenfaireunfromage.e-monsite.com*
adapté par MonS, Fromager-affineur, St Haon le Châtel.

93 ¬ DES MILLIARDS D'EUROS DE PRODUITS ALIMENTAIRES

Le chiffre d'affaires HT réalisé par les différents secteurs de l'industrie agroalimentaire (+ le tabac)

Unités de mesure : milliards d'euros (Md€) et nombre d'entreprises concernées (E.C)

© sources : Insee / Alisse / Esane / 2009

94 ¬ LES MARGES DE L'INDUSTRIE AGROALIMENTAIRE

Taux de marge brute* réalisé par les différents secteurs de l'industrie agroalimentaire (+ le tabac)

Unité de mesure : pourcentage

* Taux mesurant la capacité de l'entreprise à générer une rentabilité à partie du chiffre d'affaires.
Calcul : Excédent brut d'exploitation (EBE) / Chiffre d'affaires (CA).

95 ¬ LE STATUT CULTUREL DES VIANDES

Nombre de cultures
dans le monde qui consomment...

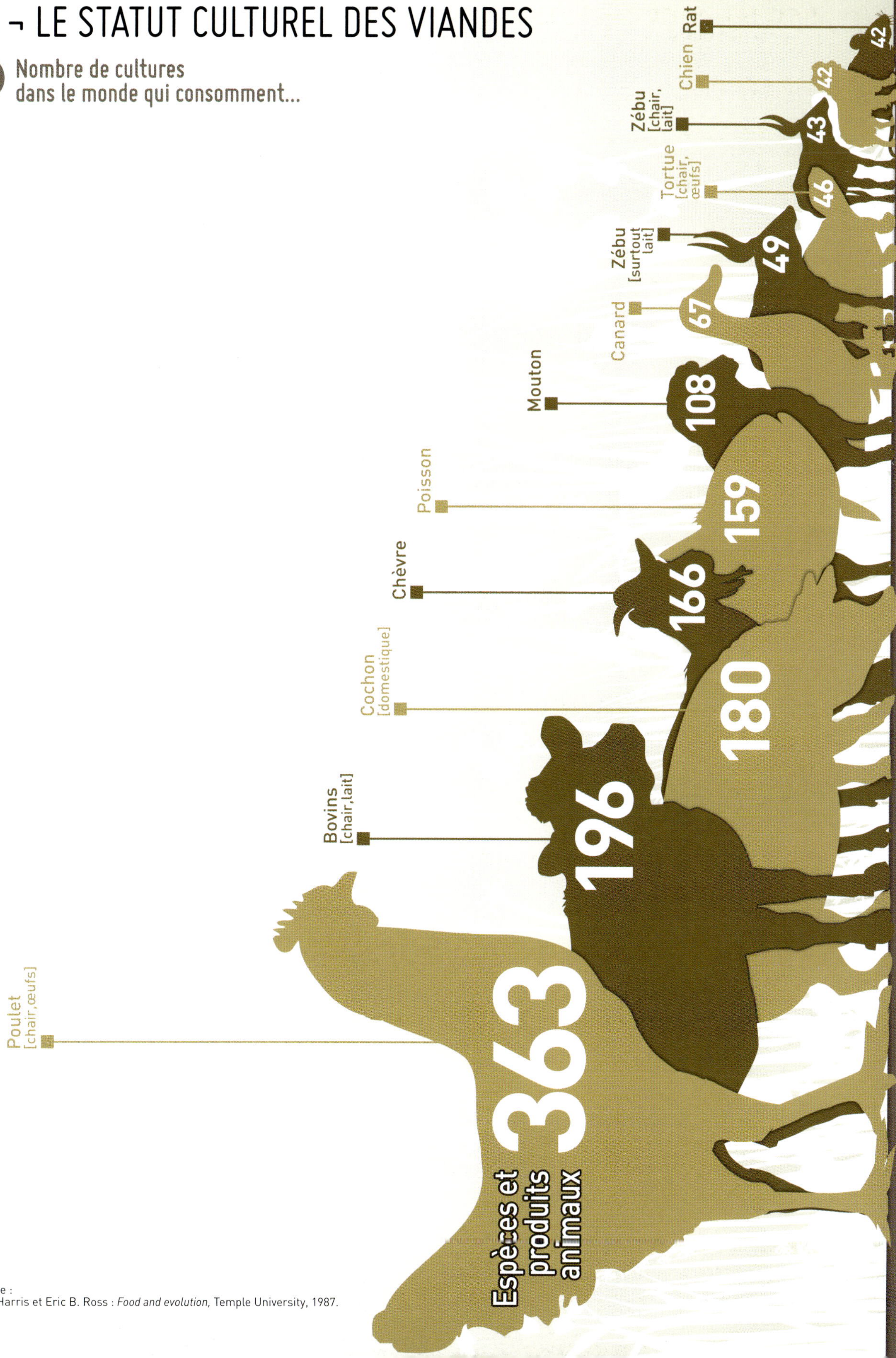

source :
arvin Harris et Eric B. Ross : *Food and evolution*, Temple University, 1987.

Merci à

Éric PONCET, un talent fou,
ma source d'inspiration permanente.

Daniel RIERA, pour son talent et
ses illustrations.

Bastien GUILBAUD,
Éric PROLONGEAU et
Philippe ROY.
pour leurs visions mathématiques.

Olivier JEULIN pour son talent
et ses innombrables conseils.

Marc GALIZZI pour sa
relecture experte, bouchère.

Stéphan TENDERO pour
sa relecture experte, pâtissière.

Mais aussi, chez les garçons,
par ordre alphabétique :
Robert ANSA,
Bernard BLANC,
Pascal BONNET,
Julien BUONOCORE,
Yann DAMERY,
Wilfried GALIZZI,
Daniel LEFRANC,
Daniel TANASIJEVIC,
qui ont contribué d'une manière
ou d'une autre à ce livre.

Valérie GUILBAUD pour sa
patience et ses conseils.

Carole LENZINI-MORVAN et
Stéphanie PROLONGEAU pour
leur soutien bio-éco-logistique.

Elvire SIEPRAWSKI pour son implication,
sa patience et le partage de son savoir.

Mais aussi, chez les filles,
par ordre alphabétique :
Andréa CHAUSSINAND,
Léa GUILBAUD,
Sonia GUILBAUD,
Béryl KITAEFF,
Véronique LECLERCQ,
Josiane VENDRAN,
qui ont contribué d'une manière
ou d'une autre à ce livre.

Le site lanutrition.fr
La PMAF
Le CNCV

Remerciements sincères
pour leur participation,
par ordre alphabétique :
Carine BAUDRY,
Éric BIRLOUEZ,
Sophie BRAZEILLES,
Anaïs BUZIAS,
Suren ERKMAN,
Jean-Yves LE GUENNEC,
Walter LOPEZ,
Aurélie MEYNIER
Gérard MONSTERLEET,
Aurore NGUYEN,
André SAVELLI,
Kadidia TRAORE,
Juliette POUYAT,
André PICOT,
Caroline WALLIS,
Ghislain ZUCCOLO.

Le tout sur fond de Jazz à Fip.

Sources graphiques

Daniel RIERA
Olivier JEULIN
Stéfane GUILBAUD
Vectorstock
Youtoart
Vecto2000
AllFreeDownload
ShutterStock
ForDesigner
Snap2objects
NounProject
123rf
123freevectors
Allsilhouettes.com
Vectorvaco
Vecto4free
Vecteezy
VendeeSign
Vincenzo VUONO

Crédits photographiques

Fouad BEKKALI
© Fotolia :
Kmit,
Danielle BONARDELLE,
Brad Pict,
John LEE,
Cyclotimia,
Pavel BUGROV,
Lubashi,
Alexander BRYLJAEV,
Kuppa.
© Photo Y. ARTHUS-BERTRAND
Erwan SOURGET
© Photo J.M. COHEN
Éric ROBERT
© Photo M.J. HUSSET
60 Millions de consommateurs/Jean CHISCANO
© Photo T. MARX
George APOSTOLIDIS / Mandarin Oriental, Paris.